Das große Buch der vegetarischen Küche

Sonderausgabe der Naumann & Göbel Verlagsgesellschaft mbH
in der VEMAG Verlags- und Medien Aktiengesellschaft, Köln

Redaktion: Sabine Zarling
Layout: Jürgen Pengel
Grafik: Heike Diem
Rezepte: Versuchsküche essen & trinken/schöner essen, Hilmar Döring
Styling: Renate Gerber, Gisela Koch, Günther Meierdierks, Michaela Suchy
Schlußredaktion: Christa Davids, Karin Schanzenbach, Sigurd-Falk Weber
Fotos: Heino Banderob, Thomas Diercks,
Wolfgang Krüger, Dietrich Ruhde, Ralf-C. Stradtmann, Richard Stradtmann
Bildbearbeitung: Jutta Wolf
Gesamtherstellung: Naumann & Göbel Verlagsgesellschaft mbH, Köln

600438/834006

essen & trinken

Das große Buch der vegetarischen Küche

NAUMANN & GÖBEL

Dieses Kochbuch ist ideal für alle, die weniger Fleisch essen, aber nicht zum Gesundheitsapostel werden möchten. Denn ein Ratgeber mit radikalen Ernährungstips ist dies nicht, sondern eine bunte Rezeptesammlung, bei der der Genuß im Vordergrund steht. Neben frischen Salaten, gesunden Suppen und kernigen Getreidepfannen gibt es aus geschmacklichen Gründen auch Gerichte mit Eiernudeln, weißem Mehl und Zucker, obwohl dies nicht der Vollwert-Ideologie entspricht.

INHALT

Ungewöhnlich für ein vegetarisches Kochbuch ist ein Kapitel über Fisch. Wissenschaftler empfehlen, ein- bis zweimal wöchentlich Seefisch zu essen, weil der Bedarf an dem Mineralstoff Jod nur durch Hering, Schellfisch, Kabeljau oder Rotbarsch ausreichend gedeckt wird. Einige Gerichte sind zur geschmacklichen Abrundung oder der Optik wegen verfeinert mit Kaviar, Krabben oder Krebspaste. Natürlich können diese Zutaten ersetzt oder einfach weggelassen werden.

TIPS UND INFORMATIONEN

VEGETARISCHE ERNÄHRUNG

Was ist vegetarisch?

Eine Ernährungsform, die hauptsächlich aus pflanzlichen Lebensmitteln besteht. Aus religiösen, ethischen oder ökologischen Gründen lehnen Vegetarier tierische Lebensmittel ab, vor allem Fleisch und Fisch.

Die meisten Vegetarier ernähren sich vollwertig. Vollwertkost heißt, die Nahrung so natürlich zu belassen wie möglich. Das bedeutet Vollkornmehl statt Weißmehl, Honig statt Zucker, Vorzugsmilch statt H-Milch, frisches Gemüse und Obst statt Konserven. Außerdem sollen möglichst viele Lebensmittel roh statt gegart gegessen werden. Wer sich vollwertig ernährt, nimmt alle lebensnotwendigen Vitamine und Mineralstoffe auf. Vegetarier sind jedoch nicht gleich Vegetarier. Sie werden in drei Gruppen eingeteilt:

Ovo-lacto-Vegetarier
essen alle pflanzlichen Lebensmittel und Lebensmittel, die vom Tier erzeugt werden wie Eier (ovus, das Ei), Milch (lactus, die Milch), Milchprodukte und Käse.

Lacto-Vegetarier
ernähren sich von pflanzlichen Lebensmitteln, Milch, Milchprodukten und Käse, verzichten aber auf Eier, weil daraus Tiere entstehen können.

Veganer
essen rein vegetarisch und lehnen alle tierischen Lebensmittel ab. Veganer essen Gemüse, Getreide, Nüsse und Samen.

Kein Fleisch für Kinder?

Kinder sollten auf keinen Fall streng vegetarisch aufwachsen. Verzichten sie auf Fleisch und Milch, kann es zu einem Mangel an Eisen, Kalzium und Vitamin B_{12} kommen.

Wie gesund ist vegetarische Kost?

Wissenschaftliche Studien beweisen: Leute, die sich überwiegend vegetarisch ernähren, die Milch, Eier und nur ab und an ein Stück Fleisch und Fisch essen, werden am ältesten.

Es gibt gute Gründe, den Fleischkonsum einzuschränken oder ganz auf Braten, Currywurst und Frikadellen zu verzichten: Durch zuviel Fleisch können Arteriosklerose, Herzinfarkt, Schlaganfall und Gicht begünstigt werden. Weil Vegetarier kein Fleisch essen, nehmen sie weniger Fett und Cholesterin auf. Sie essen sich satt an Gemüse und Obst und nehmen dadurch viele Vitamine und Mineralstoffe auf.

Ist die vegetarische Kost vollwertig und ausgewogen, sind Mangelerscheinungen ausgeschlossen. Schwierig ist es für Veganer, den Bedarf an Vitamin B_{12}, und besonders für Frauen, den Bedarf an Eisen zu decken. Zwar ist auch in pflanzlichen Lebensmitteln Eisen enthalten, es wird jedoch vom Körper schlechter verwertet. Vitamin C verbessert die Aufnahme von Eisen. Deshalb sollte zu jedem Mit-tagessen ein Glas Orangensaft oder ein vitamin-C-reiches Dessert wie Obstsalat gereicht werden.

Vitamin B_{12} ist fast ausschließlich in Fleisch, Innereien, Milch und Eiern enthalten. Der Bedarf kann nur durch Milchsäureprodukte wie Joghurt, Sauerkraut oder Salzgurken gedeckt werden.

Problematisch kann auch die Versorgung mit Eiweiß sein. Das mit der Nahrung aufgenommene Eiweiß wird im Körper zu körpereigenem Eiweiß umgebaut. Da er pflanzliches Eiweiß nicht so einfach umwandeln kann wie tierisches, müssen Vegetarier in die Trickkiste greifen: Durch besondere Kombinationen von Lebensmitteln kann die „biologische Wertigkeit" von Eiweiß besser ausgenutzt werden. Besonders günstige Eiweißkombinationen für Veganer sind: Getreide und Hülsenfrüchte, Getreide, Nüsse und Samen, Mais und Hülsenfrüchte. Optimale Kombinationen enthalten zusätzlich tierisches Eiweiß. Dazu zählen

Genuß pur ohne Fleisch: Vegetarier essen am liebsten frische, aromatische Lebensmittel wie Äpfel, Käse, Eier, Milch, Tomaten und Nüsse

Nie mehr Zucker, Weißbrot und Eiernudeln?

Natürlich nicht. Nach dem Vollwert-Prinzip sollten statt Zucker, Weißmehl und Eiernudeln zwar Honig, Vollkornmehl und Vollkornnudeln gegessen werden. Es gilt aber: Jeder sollte das essen, was er mag. Denn **in Maßen aufgenommen, schadet kein Lebensmittel.**

Beim Abbau von Zucker wird Vitamin B_1 gebraucht, er selbst enthält aber keines. Trotzdem: Wer viel Obst, Gemüse und Getreide ißt, kann bedenkenlos mal Süßes genießen.

Kein bißchen Fleisch und Fisch?

Trotz der Fleischskandale in den vergangenen Jahren sollte Fleisch nicht verteufelt werden. Es versorgt den Körper mit Vitamin A, Vitaminen der B-Gruppe und Eisen. Ab und an ein Steak ist durchaus sinnvoll.

Empfehlenswert sind ein bis zwei Seefischmahlzeiten pro Woche. **Seefisch** wie Makrele, Hering, Schellfisch und Kabeljau enthält als einziger den Mineralstoff **Jod**, an dem es besonders den Süddeutschen mangelt. Wer keinen Fisch ißt, sollte auf jeden Fall seine Speisen mit jodiertem Salz würzen.

Sind Vegetarier schlanker?

In der Regal ja. Denn **wer sich fleischlos ernährt, ißt kalorienärmer.** Obst, Gemüse und Getreide machen den Löwenanteil an der vegetarischen Kost aus. Diese Lebensmittel sind fettarm, cholesterinfrei und stecken voller Ballaststoffe, die lange satt halten.

Wer Fleisch ißt, ißt automatisch weniger von diesen Lebensmitteln und nimmt dafür mehr gesättigte Fette und Cholesterin auf. Dieser vielgescholtene Fettbegleitstoff schadet jedoch nur Menschen, die einen erhöhten Cholesterinspiegel haben.

DIE NÄHRSTOFFE

Nur durch abwechslungsreiches und ausgewogenes Essen werden wir mit allen lebensnotwendigen Nährstoffen versorgt. Es sind dies die Energielieferanten Kohlenhydrate, Eiweiß und Fett sowie Wasser, Vitamine, Mineralstoffe, Spurenelemente und Ballaststoffe.

Kohlenhydrate

Dieser Hauptnährstoff ist der wichtigste Energielieferant für Muskeln, Nerven, Gehirn und andere Organe. **Über die Hälfte der täglichen Nahrung soll aus Kohlenhydraten bestehen.** Sie stecken in Getreide, Kartoffeln, Gemüse, Obst, Stärke und Zucker.

Man unterteilt Kohlenhydrate in Einfachzucker, Zweifach- und Mehrfachzucker. Einfachzucker bestehen aus einem Molekül und kommen als Trauben- oder Fruchtzucker in Obst vor. Zu den Zweifachzuckern, bestehend aus zwei Molekülen, zählen Milch-, Malz-, Rohr- und Rübenzukker. Aus Rohr- und Rübenzucker wird Haushaltszucker hergestellt.

Mehrfachzucker haben lange Molekülketten, die in Getreide, Kartoffeln und Gemüse als Stärke vorkommen und in Ballaststoffen als Zellulose und Pektin.

Alle Zucker werden im Körper in ihre Einzelteile, in Einfachzucker, zerlegt. **Bevorzugt sollten Brot, Nudeln, Reis und Kartoffeln, die aus Mehrfachzuckern bestehen, gegessen werden.** Die darin enthaltene Stärke wird nur langsam abgebaut. Außerdem enthalten diese Lebensmittel viele Vitamine, Mineralstoffe, Spurenelemente und Ballaststoffe, die lange satt halten.

Haushaltszucker sollte nur in kleinen Mengen gegessen werden. Er fördert Karies, enthält keine Nährstoffe, sondern nur Kalorien – 4,1 pro Gramm.

Fett

Zwei wichtige Aufgaben erfüllen Fette: Sie liefern dem Körper Energie und sind Träger der fettlöslichen Vitamine A, D, E und K. Maximal 25 Prozent der Nahrungsenergie sollte aus Fetten bestehen. Das sind etwa 60 bis 90 Gramm pro Tag. Durchschnittlich werden jedoch mehr als 130 Gramm gegessen. Übergewicht ist die Folge. Margarine, Butter und Öle haben einen doppelt so hohen Brennwert wie Kohlenhydrate und Eiweiß: 9,3 Kalorien pro Gramm.

Prall gefüllt mit lebenswichtigen Nährstoffen sind Getreide, Milch, Öl, Hülsenfrüchte, Obst und Gemüse

Fette lassen sich unterteilen in sichtbare und versteckte Fette. Zu den sichtbaren zählt die Butter auf dem Brot, das Fett zum Braten und das Öl für den Salat.

Nicht sichtbar, aber zu schmecken, ist Fett in Wurst, Käse, Sahne, Fleisch, Schokolade und Kuchen. Fette können tierischen oder pflanzlichen Ursprungs sein.

Tierische Fette wie Rindertalg, Schweineschmalz oder Speck enthalten viele gesättigte Fettsäuren und Cholesterin. Zuviel davon begünstigt Arteriosklerose, Herzinfarkt, Gicht und Schlaganfall.

Wertvoller sind pflanzliche Fette mit ungesättigten Fettsäuren wie kaltgepreßte Öle, Nüsse, Samen oder ungehärtete Pflanzenmargarine. Die Frage, ob Butter oder Margarine aufs Brot gestrichen werden soll, geht unentschieden aus, wenn die Margarine aus hochwertigen, ungehärteten Fetten besteht. Ansonsten ist Butter zu bevorzugen, weil sie ein naturbelassenes Fett ist.

Eiweiß

Der wichtigste Baustoff des Körpers ist Eiweiß, auch Protein genannt. Es besteht aus Aminosäuren. Von zwanzig verschiedenen Aminosäuren sind acht essentiell, sie müssen mit der Nahrung aufgenommen werden.

Da alle Zellen Eiweiß enthalten und alle Enzyme aus Eiweiß bestehen, muß täglich Eiweiß aufgenommen werden, um die Körperfunktionen aufrechtzuerhalten.

Besonders gut läßt sich körpereigenes Protein aus tierischem Eiweiß aufbauen, zum Beispiel aus Fleisch, Fisch, Eiern, Milch und Käse. **Hülsenfrüchte, Getreide und Nüsse sind reich an pflanzlichem Eiweiß.** Werden sie miteinander kombiniert, kann der Körper das enthaltene Eiweiß sehr gut verwerten.

Ideal sind Kombinationen aus pflanzlichem und tierischem Eiweiß, zum Beispiel Getreide und Milch im Müsli und Kartoffeln und Ei im Bauernfrühstück.

Vitalstoffe stärken das Immunsystem

Die Vitamine C, E und Beta-Karotin – die Vorstufe des Vitamin A, und die Spurenelemente Selen, Kupfer und Zink schützen das Immunsystem: Sie binden die aggressiven, sogenannten freien Radikale. Diese entstehen im Körper durch Umweltgifte, radioaktive Belastung, Sonnen- und Ozoneinwirkung, Smog, Zigarettenrauch, Hektik und Streß. Die genannten Vitamine und Spurenelemente schützen – am wirksamsten im Verband – davor, daß die freien Radikale Zellwände schädigen und zerstören.

Außerdem stärken diese Vitalstoffe die Abwehrkräfte, beugen Krankheiten vor und mindern das Krebsrisiko. Reich an Vitamin C sind Paprika, Zitrusfrüchte, Beeren und Kartoffeln. Keimöl, Leinsamen, Nüsse, Avocados und Margarine enthalten viel Vitamin E. Karotin steckt in gelben Früchten, grünem Gemüse und Möhren. Selen und Kupfer sind enthalten in Fisch, Fleisch, Getreide, Hülsenfrüchten und Knoblauch. Gute Quellen für Zink sind Fleisch, Milch, Käse, Getreide und Hülsenfrüchte.

TIPS UND INFORMATIONEN

DIE NÄHRSTOFFE

Wasser

Obwohl Wasser keine Kalorien enthält, keine Vitamine und keine Ballaststoffe, ist es der wichtigste Nährstoff. **Täglich müssen wir etwa 2,5 Liter Flüssigkeit zu uns nehmen,** sei es als Mineralwasser, Kaffee, Tee oder durch wasserreiche Lebensmittel wie Obst und Gemüse.

Ohne Nahrung können wir bis zu zehn Wochen leben, ohne Wasser nur wenige Tage. Denn zu etwa 60 Prozent besteht der Mensch aus Wasser. Es löst und transportiert Nährstoffe, reguliert die Körpertemperatur, schützt Schleimhäute vorm Austrocknen und bewirkt noch etliches mehr.

Getränke sollten möglichst kalorienarm sein, damit der Energiebedarf nicht überschritten wird. Und deshalb sind zum Durstlöschen Limonaden, Milch, mit Zucker gesüßte Säfte und Alkohol nicht ideal.

Vitamine

Ohne sie läuft nichts. Vitamine sind beim Ab- und Umbau von Kohlenhydraten, Fett und Eiweiß und an der Energiegewinnung beteiligt.

Als Coenzyme, einem Bestandteil von Enzymen, regeln vor allem Vitamine der B-Gruppe Stoffwechselvorgänge. Während die Vitamine C, E und Beta-Karotin, die Vorstufe des Vitamin A, vor Krankheit schützen, ist das Vitamin D wichtig für Knochen und Zähne.

Vitamine sind Mikronährstoffe, die keine Energie liefern. Trotzdem sind sie essentiell und müssen mit der Nahrung aufgenommen werden. **Durch eine ausgewogene, abwechslungsreiche Kost werden dem Körper alle Vitamine zugeführt.** Der Griff zur Vitaminpille ist nicht nötig.

Durch eine strenge vegetarische Kost, wie sie die Veganer bevorzugen, kann es zu einem Mangel an Vitamin B_{12} kommen. Der Bedarf kann nur durch milchgesäuerte Lebensmittel wie Sauerkraut und Salzgurken sowie durch Sprossen gedeckt werden. Die Vitamine A, D, E und K sind fettlöslich. Sie benötigen Fett, um wirksam werden zu können. Alle anderen Vitamine sind wasserlöslich.

Generell gilt: Alle Lebensmittel schonend zubereiten, und so kurz garen wie nötig, um Vitamine nicht durch Wasser, Licht und Hitze zu zerstören.

Mineralstoffe und Spurenelemente

Die Mengen, die der Körper benötigt, sind winzig, ihre Wirkung jedoch groß. Mineralstoffe und Spurenelemente sind – wie Vitamine – Bestandteile von Enzymen, oder sie wirken im Blut, im Gewebe und in den Zellen. Kalium und Magnesium sind lebensnotwendig für Muskel- und Nervenfunktionen, Natrium, Chlorid und Kalium für den Wasserhaushalt, Kalzium und Phospat für Knochen und Zähne. Die Spurenelemente Jod, Eisen, Zink und Selen fördern die Schilddrüsenfunktion, die Blutbildung und stärken das Immunsystem.

Ballaststoffe

Das sind die pflanzlichen Faserstoffe aus Getreide, Hülsenfrüchten, Obst, Gemüse und Kartoffeln. Gerade weil sie unverdaulich sind, wirken sie positiv auf den Stoffwechsel: Ballaststoffe lindern Darmprobleme und Fettstoffwechselstörungen. Außerdem sind sie kalorienfrei und machen lange satt.

Den Bedarf von 30 bis 40 Gramm Ballaststoffen täglich zu decken, ist allerdings nicht ganz einfach. Am besten gelingt dies mit Vollkornprodukten, weil bei Haferflocken, Vollkornbrot und Naturreis die Hüllen der Getreidekörner mitgegessen werden, in denen sich die meisten Faserstoffe befinden. Im Vergleich: Vollkornbrot ist doppelt so ballaststoffreich wie Weißbrot.

Da Ballaststoffe Flüssigkeit zum Quellen brauchen, müssen täglich insgesamt etwa zwei Liter Mineralwasser, Kräutertee, Kaffee, Gemüse- oder Obststäfte getrunken werden. In tierischen Lebensmitteln wie Fleisch, Fisch, Eier und Milch sind keine Ballaststoffe enthalten.

DIE LEBENSMITTEL

Unser Essen besteht aus den unterschiedlichsten Lebensmitteln. Welche für eine fleischlose Kost besonders wertvoll sind, sehen Sie hier.

Gemüse und Hülsenfrüchte

Gemüse ist kerngesund, weil es viele Vitamine, Mineral- und Ballaststoffe enthält, zum Beispiel Vitamine der B-Gruppe (B_1, B_2, Niacin und Folsäure), Karotin und Vitamin C sowie Kalium und Magnesium. Kalium entwässert den Körper, Magnesium stärkt die Nerven und die Muskeln. Außerdem sind Möhren, Gurken und Tomaten kalorienarm, weil sie zu 75 bis 95 Prozent aus Wasser bestehen.

Am geschmackvollsten ist heimisches, erntefrisches Gemüse. Eine Alternative zu diesem ist tiefgefrorenes Gemüse. Denn sofort nach der Ernte werden Spinat, Erbsen und Möhren schonend auf Eis gelegt. Konserven sollten nicht mehr auf dem Küchenzettel stehen: Sie sind salzig und vitaminarm.

Getrocknete Erbsen, Linsen und Bohnen sind geballte Mineral-, Ballaststoff- und Eiweißpakete. In den kleinen, harten Samen der Leguminosen (so heißen Hülsenfrüchte wissenschaftlich) sind etwa 37 Gramm hochwertiges Eiweiß pro 100 Gramm enthalten.

Reich an Ballaststoffen, Eisen und den Vitaminen C, E, B_1, B_2, Niacin, Biotin und Karotin sind Sprossen aus Linsen, Mungobohnen, Kichererbsen und Radieschen. Da das Selbstkeimen nicht jedermanns Sache ist (schließlich müssen die Sprossen aus Gemüse, Hülsenfrüchten und Getreide täglich gepflegt werden), sind sie bereits gekeimt in Bio-Läden und Reformhäusern erhältlich.

Getreide

Getreidekörner sind die Hauptlieferanten für Kohlenhydrate. Sie bestehen zu etwa siebzig Prozent aus diesen Mehrfachzukkern. Der größte Teil des Getreidekorns ist der stärkehaltige Mehlkörper. Im Keimling sind Eiweiß und Fett konzentriert, und in den Außenschichten stecken die unverdaulichen Ballaststoffe.

Lebensmittel aus Getreide wie Brot oder Nudeln sind um so gesünder, je mehr vom ganzen Korn verarbeitet wird. Deshalb ist Vollkornbrot gesünder als Misch- oder Weißbrot, Naturreis besser als polierter Reis und Vollkornnudeln wertvoller als Nudeln aus Hartweizengrieß. Denn bei Produkten aus weißen Mehlen wird nur der stärkehaltige Mehlkörper verwendet. Keimling und Schale mit allen Vitaminen und Mineralstoffen werden abgetrennt.

Obst und Trockenobst

Süß, saftig und herrlich duftend, so ist Obst. Unter der ballaststoffreichen Schale von Äpfeln, Orangen und Kiwi verbergen sich Vitamine und Mineralstoffe, vor allem Vitamin C, Kalium, Eisen und Kalzium. Hauptbestandteil von Beeren, Äpfeln, Birnen und Ananas ist das Wasser. **Und trotz des Fruchtzuckers, der Obst so süß macht, zählt es zu den kalorienarmen Lebensmitteln.** Obst sollte nur wenn es Saison hat genossen werden.

Rund ums Jahr Saison hat Trockenobst. Ihm wurde wie

Süß und gesund: getrocknete Pflaumen, Feigen, Aprikosen, Bananen und Trauben

den Hülsenfrüchten durch Trocknen die Flüssigkeit entzogen. Dadurch ballen sich Fruchtzucker, Ballast- und Mineralstoffe in den schrumpeligen Früchten. **Sie sind eine gesunde Alternative zu Süßigkeiten.** Häufig werden Birnen, Pfirsiche, Äpfel und Aprikosen geschwefelt, um ihre intensive Farbe und ihre Frische zu erhalten. Allerdings zerstört Schwefel das für Nerven und Wachstum wichtige Vitamin B_1. Wird Trockenobst in größeren Mengen gegessen, ist **ungeschwefeltes Obst** zu bevorzugen, auch, wenn es dunkler, härter und weniger attraktiv aussieht.

Fleisch, Fisch und Ei

Diese Lebensmittelgruppe, die besonders wegen ihres leicht verdaulichen Eiweißes geschätzt wird, kann vom Speiseplan gestrichen werden, wenn Lebensmittel bevorzugt werden, die hochwertiges pflanzliches Eiweiß enthalten wie Hülsenfrüchte, Nüsse und Samen. Wird auf Seefisch verzichtet, ist der Jodbedarf nur schwer zu decken.

Fette, Öle, Nüsse und Samen

Die gesündesten Fette sind Öle aus Ölsaaten und Ölfrüchten, die durch schonendes, kaltes Pressen gewonnen und nicht gereinigt werden. So bleiben Geruch, Geschmack, Farbe und Vitamine erhalten. **Öle sind außerdem besonders wertvoll, weil sie den höchsten Anteil ungesättigter Fettsäuren haben.** Als Brotaufstrich sind Butter und eine hochwertige Margarine aus ungehärteten Fetten ideal.

Nüsse spielen in der vegetarischen Enährung eine große Rolle. Nicht nur zum Knabbern sind sie willkommen, hier werden sie ganz gezielt für Müsli, Aufläufe und Gemüsepfannen verwendet. Denn Sonnenblumenkerne, Sesam, Leinsamen, Kürbiskerne, Hasel- und Walnüsse sind reich an ungesättigten Fettsäuren, leicht verdaulichem Eiweiß, Vitaminen und Mineralstoffen.

Milch und Milchprodukte

Milch, Joghurt, Quark und Käse sind optimale Quellen für Eiweiß, Vitamin A, D, E und die B-Vitamine sowie für Kalzium, Kalium, Phosphor, Eisen und Magnesium. Am wertvollsten ist Vorzugsmilch, weil sie nicht wie gewöhnliche Vollmilch erhitzt (pasteurisiert) und homogenisiert wird. **Sauermilchprodukte** wie Joghurt, Dickmilch, saure Sahne oder Kefir werden mit verschiedenen Milchsäurebakterien versetzt. Dadurch erhalten diese Produkte ihren typischen Geschmack und sind zudem leichter bekömmlich als Milch. Milchprodukte pur sind den mit Zucker gesüßten und mit Aromen, Farb- und Konservierungsstoffen versehenen Joghurts und Puddingen vorzuziehen. Fett- und kalorienreich sind die meisten **Käse.** Trotzdem sind sie gesund. Emmentaler, Gouda und Parmesan enthalten allerdings relativ viel Salz.

Kräuter und Gewürze

Kochen ohne Kräuter und Gewürze? Undenkbar! Nicht nur, daß sie allen Gerichten das typische Aroma verleihen, sie regen außerdem den Appetit, den Stoffwechsel und die Verdauung an. Zusätzlich machen sie Speisen bekömmlicher und helfen außerdem Salz zu sparen.

Mehr als das Tüpfelchen auf dem i: Petersilie, Rosmarin, Basilikum, Zimt, Ingwer und Pfeffer

Zucker und andere Süßmacher

Haushaltszucker ist das beliebteste Mittel zum Süßen von Kuchen, Quarkspeisen und Puddingen. Es verbraucht im Körper Vitamin B_1. Wird zuviel von der weißen Süße gegessen, kann es zu einem Defizit an diesem Vitalstoff kommen. **Besser sind Honig, Birnendicksaft, Rübensirup, Apfelkraut und Ahornsirup.** Sie enthalten noch einige Vitamine, Mineralstoffe und natürliche, wohltuende Inhaltsstoffe. Trotzdem: Alles, was süßt, fördert Karies. Deshalb sollte möglichst wenig Süßes gegessen werden.

EINKAUF UND ZUBEREITUNG

Für schmackhafte, gesunde Gerichte sind frische Zutaten und schonende Zubereitung das A & O.

Knackig-frisch müssen Obst und Gemüse beim Einkauf sein. Denn je älter Äpfel, Birnen und Möhren sind, desto mehr **Geschmack und Vitamine gehen durch Lagerung, Licht, Wärme und Sauerstoff verloren.** Deshalb sollte schrumpelige Ware mit Druckstellen nicht eingekauft werden.

Optimale Qualität wird auf Wochenmärkten angeboten, weil dort das meiste Gemüse aus heimischem Anbau stammt und direkt zum Markttag geerntet wird. Am meisten Geschmack, Vitamine und Mineralstoffe stekken in Gemüse und Früchten, wenn sie Saison haben.

Salate, Kräuter, Obst und Gemüse sollte nie lange gelagert, sondern immer schnell verbraucht werden. Damit möglichst viele Vitalstoffe erhalten bleiben, Salate und Gemüse nur kurz in kaltem, stehendem Wasser waschen.

Die schonendsten Garmethoden sind Dünsten und Dämpfen.

Möhren, Porree und Kohl werden beim Dünsten in wenig Fett bei schwacher Hitze im geschlossenen Topf gegart. Beim Dämpfen bleiben Farbe, Biß, Vitamine und Mineralstoffe am besten erhalten, weil das Gemüse nicht im, sondern über kochendem Wasser gart. Beim Dämpfen wird kein Fett verwendet. Damit die fettlöslichen Vitamine der Gemüse jedoch genutzt werden, beträufelt man die gedämpften Möhren und Brokkoliröschen vor dem Servieren mit etwas flüssiger Butter. Gedämpft wird so: Den Topf etwa 3 Zentimeter hoch mit Wasser füllen, das Wasser zum Kochen bringen, das Sieb mit dem Gemüse über den Wasserdampf hängen und den Deckel aufsetzen.

SALATE

In welchen Gerichten lassen sich Gemüse, Blattsalate und Kräuter äußerst raffiniert kombinieren? Nur in Salaten! Ob als Hauptgericht oder als Beilage, die Muntermacher strotzen vor Vitaminen und Mineralstoffen

Petersiliensalat mit Joghurtsauce

Für 4 Portionen:
3 Becher Sahnejoghurt (à 150 g)
4 El Zitronensaft
4 El Olivenöl
3 Knoblauchzehen (durchgepreßt)
Salz
schwarzer Pfeffer (a. d. Mühle)
Kreuzkümmel
3 Bund Petersilie
10 Blättchen Pfefferminze
150 g Frühlingszwiebeln
300 g Salatgurke
1 reife Avocado (ca. 250 g)
400 g Tomaten
8 eingelegte grüne Pfefferschoten (a. d. Glas)

1. Joghurt, Zitronensaft, Olivenöl und Knoblauch gut verrühren und mit Salz, Pfeffer und Kreuzkümmel würzen.

2. Die Petersilien- und Minzeblätter grob hacken.

3. Die Frühlingszwiebeln waschen, putzen, längs halbieren und die zarten und hellgrünen Teile in feine Stücke schneiden. Gurke schälen. Avocado ebenfalls schälen, längs halbieren und den Stein entfernen. Gurke, Avocado und Tomaten in ca. 1 cm große Würfel schneiden.

4. Alle vorbereiteten Gemüse und 2/3 der Kräuter mit der Joghurtsauce mischen, evtl. nachwürzen.

5. Zum Servieren den Salat auf Tellern anrichten, mit jeweils 2 Pfefferschoten belegen und mit den restlichen Kräutern bestreuen. Dazu paßt Fladenbrot.

Zubereitungszeit: 25 Minuten
Pro Portion 7 g E, 33 g F, 12 g KH = 385 kcal (1610 kJ)

Frühlingssalat mit Quarknockerln

Für 4 Portionen:
250 g Magerquark
60 g Hartweizengrieß
2 Eigelb
4 Zweige Thymian
4 Zweige Petersilie
1/4 Bund Schnittlauch
1/4 Bund Basilikum
Salz, Pfeffer (a. d. Mühle)
250 g junge Bundmöhren
100 g Zuckerschoten
100 g Keniabohnen
6 Stangen weißer Spargel
500 g grüner Spargel
1 kleiner Kopf Frisée
4 Schalotten
3–4 El Zitronensaft
Zucker, 6 El Olivenöl

1. Magerquark mit Grieß und Eigelb verrühren. Kräuter fein hacken und unterziehen. Mit Salz und Pfeffer würzen.

2. Möhren, Zuckerschoten und Keniabohnen putzen. Weißen Spargel ganz, grünen im unteren Drittel schälen, holzige Enden abschneiden. Frisée putzen, waschen und trockenschleudern. 2 l Salzwasser zum Kochen bringen.

3. Schalotten pellen, fein würfeln. Zitronensaft mit Schalotten, 1 Prise Zucker, Salz und Pfeffer verrühren, zuletzt das Olivenöl unterrühren.

4. Spargel 2–3 Minuten, Möhren 3–4 Minuten, Zuckerschoten 2–3 Minuten, Keniabohnen 3–4 Minuten in Salzwasser blanchieren, anschließend jeweils abschrecken. Gemüse im Sieb gut abtropfen lassen. Blanchierwasser aufkochen lassen und von der Herdplatte ziehen.

5. Aus der Quarkmasse mit 2 Teelöffeln 12 Nockerln abstechen und ins Wasser gleiten lassen, im heißen Wasser 5 Minuten ziehen lassen.

6. Die Spargelköpfe abschneiden und die Stangen schräg in dünne Scheiben schneiden. Gemüse und Salat mit der Vinaigrette vermengen, salzen und pfeffern. Gemüsesalat auf Teller verteilen. Nockerln aus dem Wasser heben, auf Küchenpapier abtropfen lassen, auf dem Salat anrichten und eventuell mit der restlichen Vinaigrette aus der Schüssel beträufeln.

Zubereitungszeit: 1 Stunde
Pro Portion 18 g E, 20 g F, 25 g KH = 362 kcal (1514 kJ)

SPARGEL

Neben dem edlen weißen Spargel, auch Bleichspargel genannt, wird der grüne Spargel immer populärer. Er wächst nicht in Erdwällen, sondern oberirdisch. Durch das Tageslicht färbt er sich moosgrün. Obwohl die grünen Stangen wesentlich zierlicher sind, sind sie aromatischer und kräftiger im Geschmack. Und: Diese Stangen schält man nicht über die gesamte Länge, sondern nur im unteren Drittel. Ob jedoch weiß oder grün, Spargel ist reich an Kalium und Asparaginsäure: Diese Stoffe regen die Nieren an und wirken entgiftend. Nicht umsonst bedeutet sein lateinischer Name Asparagus officinalis Apothekerspargel. Und da hundert Gramm nur vierzehn Kalorien enthalten, ist das feinste aller Frühlingsgemüse ideal für jede Schlankheitsdiät.

Rosenkohl-Tomaten-Salat

Für 4 Portionen:
500 g Rosenkohl
Salz
6 Tomaten
1/2 Bund glatte Petersilie
25 g Walnußkerne
1–2 El Balsamessig
Zucker, Pfeffer (a. d. Mühle)
3 El Öl

1. Rosenkohl putzen und 3–4 Minuten in Salzwasser kochen. Mit kaltem Wasser abschrecken, abtropfen lassen und halbieren.

2. Tomaten waschen, putzen, vierteln, Kerne und Stielansätze entfernen. Die Kerne mit 1/2 Tl Salz mischen und in einem Sieb abtropfen lassen. Nach 10 Minuten durch das Sieb streichen. Tomatenviertel nochmals halbieren.

3. Petersilienblätter vom Stiel zupfen. Walnußkerne grob hacken. Rosenkohl, Tomaten, Petersilienblätter und Walnüsse mischen. Den Tomatenfond mit Essig, 1 Prise Zucker, Pfeffer und Öl verrühren und über den Salat gießen.

Zubereitungszeit: 30 Minuten
Pro Portion 6 g E, 12 g F, 8 g KH = 167 kcal (698 kJ)

Tomaten passieren
Für die Salatsauce werden die Tomatenkerne in ein Sieb gegeben und mit einem Löffel ausgedrückt.

Tomaten-Mango-Salat

Für 4 Portionen:
1,2 kg Tomaten
1 Mango (350 g)
2 Limetten
Salz, Pfeffer (a. d. Mühle)
8 El Olivenöl
1 Bund Basilikum

1. Die Tomaten in Scheiben schneiden. Mango schälen, das Fruchtfleisch in Scheiben vom Stein, dann in Spalten schneiden. Die Limetten dünn schälen, die Schale in feine Streifen schneiden, den Saft auspressen.

2. Tomaten und Mango abwechselnd auf Tellern anrichten, mit Salz und Pfeffer würzen. Olivenöl mit 4 El Limettensaft, Limettenschale, Salz und Pfeffer verrühren. Basilikumblätter abzupfen, über den Salat verteilen und mit der Sauce beträufeln.

Zubereitungszeit: 40 Minuten
Pro Portion 3 g E, 21 g F, 17 g KH = 273 kcal (1143 kJ)

MANGOS

Meistens werden die leicht nach Pfirsich schmeckenden Mangos verwendet in Cremes, Puddingen, als Tortenbelag oder in exotischen Obstsalaten. Sie schmecken aber auch in herzhaften Kombinationen – zum Beispiel mit Tomaten oder Sojasprossen. Mangos enthalten fast soviel Karotin wie Möhren. Die Vorstufe des Vitamin A stärkt außer der Sehkraft bei Nacht auch das Immunsystem. Um den mit dem Fruchtfleisch fest verwachsenen Stein herauszulösen, schneiden Sie die geschälte Frucht längs der Achse in zwei Scheiben. Die Scheiben in Spalten oder Stücke schneiden.

Dicke-Bohnen-Salat mit Paprika

Für 4 Portionen:
500 g dicke Bohnen (netto)
1/4 l Gemüsebrühe
300 g rote Paprikaschoten
1 Zwiebel, 2 El Balsamessig
Salz, Pfeffer (a. d. Mühle)
1 Knoblauchzehe (durchgepreßt)
5 El Öl
50 g schwarze Oliven (abgetropft)
300 g Blattspinat
30 g Pecorino-Käse

1. Die Bohnen zugedeckt bei mittlerer Hitze 15 Minuten in der Brühe kochen, abgießen und die Brühe auffangen. Die Bohnenkerne aus den Häuten lösen.

2. Die Paprikaschoten putzen, in Streifen schneiden. Die Zwiebel pellen und würfeln.

3. Essig, 4 El der Brühe, Salz, Pfeffer und Knoblauch verrühren, Öl unterschlagen. Mit Paprika, Bohnen, Oliven und Zwiebel mischen, 30 Minuten durchziehen lassen.

4. Den Spinat putzen und waschen. Unter den Salat mischen und mit gehobeltem Pecorino bestreut anrichten.

Zubereitungszeit: 50 Minuten
(plus 30 Minuten zum Marinieren)
Pro Portion 13 g E, 19 g F, 19 g KH = 307 kcal (1292 kJ)

Blumenkohlsalat mit Kichererbsen

Für 4 Portionen:
125 g Kichererbsen
400 g Blumenkohl
4 Tomaten
4 Frühlingszwiebeln
50 g schwarze Oliven
1 kleiner Kopf Radicchio
Saft von 1 Zitrone
Salz, Cayennepfeffer
Zucker
4 El Olivenöl, 4 El Distelöl
1 kleines Bund Koriander
100 g Schafskäse (mild)

1. Die Kichererbsen mit 3/8 l Wasser begießen und über Nacht einweichen. Dann im Einweichwasser zugedeckt bei mittlerer Hitze ca. 30 Minuten kochen, abtropfen und abkühlen lassen.

2. Inzwischen den Blumenkohl in Röschen vom Strunk schneiden, waschen, gut abtropfen lassen und in 3–4 mm dicke Scheiben schneiden oder auf dem Gurkenhobel hobeln. Tomaten waschen, Stielansätze keilförmig herausschneiden und die Tomaten achteln.

3. Frühlingszwiebeln putzen, waschen und das Weiße und Hellgrüne schräg in dünne Scheiben schneiden. Die Oliven halbieren und entkernen. Radicchio putzen, waschen, den weißen Strunk herausschneiden, den Salat in Blätter zerlegen.

4. Zitronensaft mit Salz, Cayennepfeffer und 1 Prise Zucker verrühren und mit Olivenöl und Distelöl aufschlagen. Die Korianderblätter von den Stielen zupfen.

5. Die Radicchioblätter auf Tellern verteilen und die Salatzutaten darauf anrichten. Den Schafskäse in kleinen Stücken darüber bröckeln, mit Vinaigrette beträufeln und mit Korianderblättern bestreuen.

Zubereitungszeit: 45 Minuten
(plus Einweichzeit)
Pro Portion 14 g E, 19 g F, 24 g KH = 419 kcal (1752 kJ)

Spinatsalat mit Ziegenkäse-Croûtons

Für 4 Portionen:
200 g feiner, heller Blattspinat
2 Knoblauchzehen (durchgepreßt)
13 El Olivenöl (ca. 130 ml)
8 Scheiben italienisches Brot
4 junge Ziegenkäse (à 80 g)
je 150 g rote und gelbe Paprikaschoten
80 g grüne Oliven
100 g rote Zwiebeln
4 El Zitronensaft
Salz
schwarzer Pfeffer (a. d. Mühle)
3 Zweige Basilikum

1. Spinat verlesen, die groben Stiele entfernen. Spinat waschen und abtropfen lassen.

2. 1 Knoblauchzehe mit 3 El Olivenöl mischen, die Brotscheiben damit bepinseln. Ziegenkäse in je 4 Scheiben schneiden und die Brotscheiben damit belegen.

3. Für die Sauce die Paprika mit einem Sparschäler schälen. Oliven vom Stein schneiden. Zwiebeln pellen. Alles sehr fein würfeln und mit dem restlichen Knoblauch, Olivenöl und Zitronensaft verrühren, mit Salz und Pfeffer würzen. Basilikum fein schneiden und unter die Sauce mischen.

4. Brote unter dem Grill oder bei starker Oberhitze auf der 2. Einschubleiste von oben ca. 1–2 Minuten überbacken, bis der Käse zu schmelzen beginnt.

5. Spinat mit der Hälfte der Sauce mischen und mit den Broten anrichten. Mit der restlichen Sauce beträufeln und mit Pfeffer bestreuen.

Zubereitungszeit: 55 Minuten
Pro Portion 16 g E, 56 g F, 16 g KH = 647 kcal (2708 kJ)

Kräuter-Auberginen mit Kirschtomaten

Für 4 Portionen:
500 g kleine Auberginen
Salz
6 Knoblauchzehen
150 ml Öl
1 Bund glatte Petersilie
1/2–1 Bund Majoran
(je nach Größe)
75 ml Rotweinessig
150 ml Gemüsefond
(a. d. Glas)
schwarzer Pfeffer
(a. d. Mühle)
2 gestrichene Tl Zucker
250 g Kirschtomaten

1. Die Auberginen in 1 cm dicke Scheiben schneiden, von beiden Seiten kräftig salzen und zwischen Küchenpapier Wasser ziehen lassen.

2. Inzwischen den Knoblauch pellen, längs in dünne Scheiben schneiden, bei schwacher Hitze in 4 El Öl glasig dünsten. Petersilien- und Majoranblättchen abzupfen.

3. Die Auberginen bei starker Hitze im restlichen Öl portionsweise von jeder Seite hellbraun anbraten. Vor dem Wenden mit der Petersilie und der halben Menge Majoranblättchen bestreuen. Die Auberginen in eine Form geben und mit Knoblauch bestreuen.

4. Essig und Gemüsefond in der Pfanne aufkochen, kräftig mit Pfeffer und Zucker würzen und über die Auberginen gießen. Die Auberginen zugedeckt kühl stellen und 2 Stunden durchziehen lassen.

5. Kurz vor dem Servieren die Tomaten vierteln, salzen und mit dem restlichen Majoran locker unter die Auberginen mischen. Zu den Kräuter-Auberginen paßt italienisches Landbrot.

Zubereitungszeit: 45 Minuten
(plus 2 Stunden zum Marinieren)
Pro Portion 3 g E, 30 g F, 9 g KH =
344 kcal (1396 kJ)

Erbsen-Spargel-Salat mit Kaviar-Vinaigrette

Für 4 Portionen:
300 g weißer Spargel
Salz
1 kg Palerbsen
(brutto, ersatzweise
300 g TK-Erbsen)
60 g Schalotten
1/2 Bund glatte Petersilie
4 Wachteleier
1 Kopfsalat
4–6 El Weißweinessig
4–6 El Öl
Pfeffer (a. d. Mühle)
50 g russischer Kaviar
(ersatzweise Forellenkaviar)

1. Spargel schälen und für 4–5 Minuten in Salzwasser blanchieren. Die Spargelköpfe abschneiden, den Rest der Stangen in dünne schräge Streifen schneiden.

2. Erbsen auspalen und 10–15 Minuten in Salzwasser kochen. Inzwischen die Schalotten fein würfeln und die Petersilie fein hacken. Wachteleier 3 Minuten kochen, abschrecken, pellen und halbieren. Vom Kopfsalat die hellen Blätter herausbrechen und waschen (Rest anderweitig verwerten).

3. Aus Schalottenwürfeln, Petersilie, Essig, Öl, Salz und Pfeffer eine Salatsauce rühren und zwei Drittel des Kaviars vorsichtig unterrühren. Den Rest Kaviar auf die Eihälften verteilen.

4. Den Kopfsalat trockenschleudern und auf einem großen Teller anrichten, Erbsen und Spargel mischen und auf die Salatblätter geben. Den Salat mit der Kaviar-Vinaigrette beträufeln. Mit den Wachteleiern garnieren.

Zubereitungszeit: 45 Minuten
Pro Portion 11 g E, 14 g F, 12 g KH = 229 kcal (961 kJ)

Sommersalat mit Thunfischsauce

Für 4 Portionen:
1 großer Kopfsalat
(mit möglichst fester Mitte)
150 g Rauke
5 Eier
500 g Fleischtomaten
1 Dose Thunfisch (naturell, delphinfreundlich gefangen)
6 El Zitronensaft
100 ml Milch
2 El Mayonnaise (40 %)
2 El mittelscharfer Senf
2 El Kapern
1 Bund Schnittlauch
Salz
weißer Pfeffer (a. d. Mühle)
Zucker, 4 El Öl
4 Beete Kresse
(in verschiedenen Sorten)

1. Kopfsalatblätter bis auf die feste Mitte abzupfen, waschen und trockenschleudern. Das Salatherz vierteln. Rauke verlesen, waschen und trockenschleudern. Eier hart kochen. Die Stielansätze der Tomaten keilförmig herausschneiden. Die Tomaten sechsteln.

2. Thunfisch abtropfen lassen und mit 3 El Zitronensaft, Milch, Mayonnaise und Senf pürieren. Kapern fein hacken, Schnittlauch in kleine Röllchen schneiden, die Hälfte mit den Kapern unter die Thunfischsauce mischen.

3. Die Eier pellen. 4 Eier sechsteln. 1 Ei fein hacken. Restlichen Zitronensaft mit Salz, Pfeffer, 1 Prise Zucker und Öl verschlagen.

4. Eine Platte mit den großen Salatblättern auslegen. Salatviertel, Rauke, Kresse, Tomaten und Eiersechstel darauf anrichten und mit Vinaigrette beträufeln. Die Thunfischsauce darauf verteilen und mit gehacktem Ei und restlichem Schnittlauch bestreuen.

Zubereitungszeit: 45 Minuten
Pro Portion 22 g E, 26 g F, 9 g KH = 368 kcal (1544 kJ)

KRESSE-VIELFALT

Für diesen Sommersalat haben wir klein- und großblättrige Gartenkresse, rote japanische und Kapuzinerkresse verwendet. Sie können den Salat auch nur mit einer Kresseart, zum Beispiel mit Gartenkresse (Foto) zubereiten, die es überall zu kaufen gibt, oder, zur Saison, mit Brunnenkresse.

Paprikasalat mit Chicorée

Für 4–6 Portionen:
je 2 rote, gelbe und grüne Paprikaschoten (750 g)
150 ml Öl, 50 g Schalotten
1/2 Bund glatte Petersilie
1 Bund Schnittlauch
100 g Kirschtomaten
1 El Senf
4 El Mango-Chutney
4 El Weißweinessig
2 El süß-pikante Chilisauce
1 El Limettensaft
1 Tl Tabasco
Salz, Pfeffer (a. d. Mühle)
2 Chicorée (400–500 g)

1. Die Paprikaschoten vierteln, putzen und etwas flachdrücken. Öl in einer Pfanne erhitzen, die Paprikaviertel mit der Hautseite nach unten 1 Minute bei mittlerer Hitze garen. Die Paprika dabei mit zwei Gabeln flachdrücken, so daß die Haut vollständig im Fett liegt. Dann auf Küchenpapier abtropfen lassen und die Haut mit einem Küchenmesser abziehen. Das Öl aufbewahren.

2. Die abgezogenen Paprika in dünne Streifen schneiden. Schalotten pellen und fein würfeln. Petersilienblätter abzupfen und fein hacken, Schnittlauch in feine Röllchen schneiden. Die Kirschtomaten waschen und halbieren.

3. Senf, Mango-Chutney, Weißweinessig, Chilisauce, Limettensaft, Tabasco, 4 El Wasser und das Öl (ca. 8 El) zu einer Sauce verrühren. Anschließend mit dem Schneidstab des Handrührers kurz pürieren. Schalottenwürfel, Petersilie und Schnittlauch unterheben und die Sauce mit Salz und Pfeffer würzen.

4. Chicorée putzen, waschen und quer in feine Streifen schneiden. Paprika, Chicorée und Tomaten mischen, auf Tellern anrichten und mit der Sauce beträufeln.

Zubereitungszeit: 50 Minuten
Pro Portion (bei 6 Portionen)
2 g E, 17 g F, 14 g KH = 226 kcal (944 kJ)

SUPPEN

Diese Suppen und Eintöpfe haben es in sich: Die Basis besteht aus Porree, Mangold, Pilzen oder Tomaten. Und als feine Einlage überzeugen Croûtons, Pesto-Ravioli oder Tofuklöße

Gemüse-Bouillabaisse

Für 4–6 Portionen:
100 g Porree, 1 Zwiebel
4–5 Knoblauchzehen
2 Fleischtomaten (350 g)
500 g Kartoffeln
175 ml Olivenöl (kaltgepreßt)
1 Bund Thymian
1 unbehandelte Orange
Cayennepfeffer
1 Tütchen Safran
1 Tl Fenchelkörner
1/2 l Gemüsebrühe
Salz, 1 Eigelb
1 Baguette (ca. 150 g)

1. Porree putzen, waschen, in Ringe schneiden. Zwiebel würfeln. Knoblauch pellen. Tomaten kreuzweise einritzen, Stielansätze keilförmig herausschneiden. Tomaten überbrühen, abschrecken, häuten und vierteln. Kartoffeln schälen, waschen und vierteln.

2. 2 El Olivenöl in einem Topf erhitzen. Zwiebeln, Porree, Tomaten, Kartoffeln und 2 geviertelte Knoblauchzehen darin andünsten. Thymian von den Stielen zupfen. Etwas Orangenschale abschälen und mit 1 Tl Thymian, etwas Cayenne, Safran und Fenchelkörnern zum Gemüse geben, Brühe dazugießen, alles bei milder Hitze 30 Minuten im geschlossenen Topf garen.

3. Übrige Orangenschale abschälen und in feine Streifen schneiden, die Orange auspressen.

4. Nach 30 Minuten Orangenschale aus der Suppe nehmen. 4 Kartoffelstücke in einen Mixbecher geben, die Suppe pürieren. Mit 1–2 El Orangensaft, Salz und Cayenne abschmecken.

5. Eigelb zu den Kartoffelstücken geben, ebenfalls restlichen Knoblauch. Alles pürieren. Unter ständigem Schlagen mit den Quirlen des Handrührers nach und nach knapp 1/8 l Olivenöl unterschlagen. Sauce mit Salz und Cayenne pikant würzen.

6. Baguette in Scheiben schneiden, in dem restlichen Olivenöl knusprig braten. Suppe mit restlichem Thymian und Orangenschale anrichten. Mit Baguettescheiben und der Sauce servieren.

Zubereitungszeit: 50 Minuten
Pro Portion (bei 6 Portionen)
5 g E, 25 g F, 26 g KH = 359 kcal (1505 kJ)

Buchweizentopf mit Shiitake-Pilzen

Für 4 Portionen:
100 g Buchweizen
60 g Butter oder Margarine
1 l Gemüsebrühe
150 g Zwiebeln
250 g Petersilienwurzeln
150 g Möhren
150 g Shiitake-Pilze
1 Stückchen Ingwer (2 cm)
1 Knoblauchzehe
2 Tl Curry (scharf)
1/2 Tl Korianderpulver, Salz
1–2 El Orangensaft
100 g Tofu
150 g Sahnejoghurt
50 g Alfalfasprossen

1. Den Buchweizen abbrausen und abtropfen lassen. In 20 g Butter oder Margarine andünsten, 1/8 l Brühe dazugießen. Zugedeckt 7 Minuten bei milder Hitze ausquellen lassen.

2. Die Zwiebeln pellen und fein würfeln. Petersilienwurzeln in Scheiben schneiden, die Möhren würfeln. Die Pilze abreiben, holzige Stiele abschneiden. Pilze halbieren oder vierteln.

3. Ingwer schälen, Knoblauch pellen. Beides fein hacken. Die vorbereiteten Gemüse und Gewürze in der restlichen Butter oder Margarine andünsten. Mit Curry und Koriander bestäuben und ganz kurz anschwitzen.

4. Die restliche Brühe dazugießen. Bei milder Hitze zugedeckt 12–15 Minuten garen. Mit Salz und Orangensaft abschmecken.

5. Den Tofu in ca. 1 cm große Würfel schneiden, mit dem Buchweizen dazugeben und heiß werden lassen. Mit dem glattgerührten Joghurt und den Sprossen servieren.

Zubereitungszeit: 1 Stunde
Pro Portion 13 g E, 19 g F, 30 g KH = 346 kcal (1449 kJ)

Mangold-Kokos-Suppe

Für 4 Portionen:
600 g Mangold
100 g Zwiebeln
1 Chilischote (ca. 15 g)
30 g Butter oder Margarine
700 ml Gemüsefond (a. d. Glas)
100 ml Schlagsahne
60 g Kokospaste (ungesüßt, a. d. Dose)
Cayennepfeffer
1 Tl Kurkuma (Gelbwurz)
Salz

1. Mangold waschen und putzen. Stiele fein würfeln, die Blätter in mundgerechte Stükke schneiden. Zwiebeln pellen und würfeln. Chilischote längs halbieren, die Kerne entfernen. Die Schote fein würfeln.

2. Zwiebeln, Chili und Mangoldstiele in Butter oder Margarine andünsten. Mit Gemüsefond auffüllen. 20 Minuten bei milder Hitze kochen.

3. Nach 10 Minuten die Mangoldblätter und Sahne dazugeben. Zum Schluß die Kokospaste einrühren. Suppe mit Cayenne, Kurkuma und Salz würzen.

Zubereitungszeit: 35 Minuten
Pro Portion 7 g E, 20 g F, 7 g KH = 246 kcal (1028 kJ)

Weißkohleintopf

Für 6 Portionen:
800 g Weißkohl
500 g Kartoffeln
250 g Porree
300 g Champignons
50 g Butter oder Margarine
1 1/2 l Steinpilzbrühe (a. d. Reformhaus)
Salz
Pfeffer (a. d. Mühle)
1 Bund Dill
1 Becher Crème fraîche (150 g)

1. Weißkohl vierteln, den Strunk entfernen und die Viertel quer in Scheiben schneiden. Kartoffeln schälen und würfeln. Porree putzen und in Ringe schneiden. Champignons putzen.

2. Champignons in der Butter oder Margarine kräftig braun anbraten, dann Weißkohl und Kartoffeln dazugeben und mit der Brühe auffüllen. Zugedeckt 30 Minuten kochen lassen. Nach 20 Minuten den Porree dazugeben.

3. Eintopf mit Salz und Pfeffer kräftig würzen. Mit Dillzweigen bestreuen. Die Crème fraîche separat dazu servieren.

Zubereitungszeit: 1 Stunde
Pro Portion 6 g E, 16 g F, 17 g KH = 237 kcal (995 kJ)

Ratatouille mit Pesto-Ravioli

Für 6 Portionen:
Ravioli
125 g Mehl
25 g Hartweizengrieß
1 El Olivenöl
Salz
3 Eier (Gew.-Kl. 2)
Mehl zum Bearbeiten
Pesto
60 g Pinienkerne
1 Bund Basilikum
30 g Parmesan (gerieben)
1 Knoblauchzehe
2 El Olivenöl

Ratatouille
500 g Tomaten
je 400 g rote, gelbe und grüne Paprikaschoten
je 250 g Zucchini und Auberginen
200 g Zwiebeln
6 El Olivenöl
150 ml Weißwein (trocken)
250 ml Tomatensaft
Salz
Cayennepfeffer
2 El Zitronensaft
3 Knoblauchzehen
1 Bund Basilikum

1. Mehl, Grieß, Öl, 1 Tl Salz und 2 Eier mit den Knethaken glatt verrühren, zur Kugel formen und in Frischhaltefolie 1 Stunde ruhenlassen.

2. Inzwischen für das Ratatouille die Tomaten kreuzweise einritzen, kurz in kochendes Wasser legen, abschrecken, häuten, vierteln und entkernen (Häute und Kerne aufbewahren). Die Paprikaschoten mit einem Sparschäler schälen (Schalen aufbewahren), vierteln und putzen. Tomaten, Paprika, Zucchini, Auberginen und gepellte Zwiebeln fein würfeln. Tomaten- und Paprikaschalen mit 500 ml Wasser fein pürieren, durch ein Sieb passieren.

3. Für den Pesto die Pinienkerne goldbraun rösten, erkalten lassen, mit Basilikum, Parmesan, Knoblauch und Olivenöl im Mixer fein pürieren.

4. Nudelteig vierteln und jeweils bis zur feinsten Stufe in der Nudelmaschine ausrollen. Drittes Ei verquirlen. Arbeitsfläche mit Mehl bestäuben. 2 Teigbahnen darauf legen. Mit verquirltem Ei bepinseln und auf jede mit etwas Abstand 12 Tl Pesto verteilen. Mit den restlichen Teigbahnen bedecken und mit einem Ausstecher (6 cm Durchmesser) Ravioli ausschneiden. Den Teig rund um die Füllung fest zusammendrücken.

5. Zwiebeln, Paprika und Auberginen im Öl bei starker Hitze andünsten, Zucchini, Wein, Tomaten- und pürierten Gemüsesaft dazugeben und 6 Minuten köcheln lassen. Mit Salz, Cayennepfeffer, Zitronensaft und durchgepreßtem Knoblauch würzen. Dann Ravioli, Tomaten und feingeschnittenes Basilikum dazugeben, weitere 3 Minuten bei milder Hitze kochen lassen, sofort servieren.

Zubereitungszeit: 2 Stunden
Pro Portion 15 g E, 26 g F, 33 g KH = 436 kcal (1825 kJ)

Kalte Tomatensuppe

Für 4–6 Portionen:
1,5 kg reife Tomaten
1/4 l Gemüsefond
oder -brühe
Salz
1 El Tomatenmark
1–2 El Apfeldicksaft
1 kleine Zucchini
1 gelbe Paprikaschote
(150 g)
1 Knoblauchzehe
1/2 El Olivenöl (kaltgepreßt)
1 El Zitronensaft
50 g milder Schafskäse
2 Zweige Dill

1. 1 kg Tomaten waschen und hacken. Mit dem Gemüsefond, Salz und Tomatenmark 10 Minuten leise kochen lassen.

2. Durch ein feines Sieb gießen und vorsichtig ausdrücken, damit die Suppe klar bleibt. (Tomatenmasse für ein Nudelgericht verwenden.) Tomatenfond salzen, mit Apfeldicksaft würzen und wieder erhitzen.

3. Restliche Tomaten waschen, die Stielansätze herausschneiden. Tomaten in kleine Stücke schneiden und leicht salzen. Mit dem heißen Fond begießen und sehr kalt stellen.

4. Backofen auf 250 Grad (Gas 5, Umluft 225 Grad) vorheizen. Zucchini und Paprika waschen. Paprika putzen und vierteln. Knoblauch pellen, durchpressen und mit dem Öl mischen.

5. Zucchini und Paprikaschote mit dem Knoblauchöl einpinseln und in einer ofenfesten Form auf der 2. Einschubleiste von unten 10 Minuten backen. Mit Salz und Zitronensaft würzen, abkühlen lassen und in Streifen bzw. Scheiben schneiden.

6. Schafskäse durch ein Sieb streichen. Eiskalte Suppe auf Teller verteilen, Gemüse und Käse darüber geben. Mit abgezupftem Dill garnieren.

Zubereitungszeit: 1 Stunde
(plus Zeit zum Kühlen)
Pro Portion (bei 6 Portionen)
4 g E, 3 g F, 10 g KH = 87 kcal (364 kJ)

Pilzsuppe mit Grünkern

Für 4 Portionen:
250 g Champignons
200 g Austernpilze
2 Zwiebeln
3 El Öl
30 g Grünkernschrot
1/2 l Gemüsefond (a. d. Glas)
1 Bund Basilikum
Salz, Pfeffer (a. d. Mühle)
3 El Weißwein
1 El Worcestershiresauce
30 g Alfalfasprossen

1. Pilze putzen, waschen und in Scheiben schneiden. Zwiebeln pellen und würfeln. Die Pilze im heißen Öl so lange braten, bis die Flüssigkeit restlos verdampft ist.

2. Zwiebeln und Grünkern dazugeben, kurz anrösten und mit dem Gemüsefond ablöschen. Die Suppe zugedeckt bei milder Hitze 20 Minuten kochen lassen.

3. Basilikum in feine Streifen schneiden. Die Suppe mit Salz, Pfeffer, Weißwein und Worcestershiresauce kräftig würzen. Basilikumstreifen dazugeben.

4. Die Suppe in Tassen füllen und mit den Alfalfasprossen bestreut servieren.

Zubereitungszeit: 50 Minuten
Pro Portion 5 g E, 8 g F, 8 g KH = 135 kcal (563 kJ)

Curry-Kartoffel-Suppe

Für 4 Portionen:
500 g Kartoffeln (mehligkochend)
50 g Butter oder Margarine
Salz
1 El Curry (scharf)
700 ml Gemüsefond (a. d. Glas)
1 Möhre
1 Knoblauchzehe
1 Stück Ingwer (walnußgroß)
30 g Rosinen
1 Frühlingszwiebel
30 g Mandelblättchen
1/2 Bund Schnittlauch

1. Die Kartoffeln schälen, fein und gleichmäßig würfeln. In 25 g Butter oder Margarine andünsten, mit Salz würzen und mit Curry bestäuben.

2. Den Topf von der Herdplatte nehmen und den Curry unterrühren, dann ein paar Sekunden anschwitzen und mit 600 ml Fond auffüllen. Gut durchrühren und zugedeckt bei milder Hitze 20 Minuten garen.

3. Inzwischen die Möhre schälen und sehr fein würfeln. Knoblauch und Ingwer sehr fein hacken. Alles in dem restlichen Fett bei milder Hitze andünsten und die Rosinen dazugeben.

4. Den restlichen Fond in eine Pfanne gießen und ohne Deckel 2–3 Minuten kräftig kochen, bis der Fond fast verdampft ist. Die Frühlingszwiebel putzen und in feine Ringe schneiden. Mit den Mandelblättchen in die Pfanne geben und weitere 2 Minuten dünsten.

5. Die Kartoffelsuppe mit dem Schneidstab des Handrührers kurz anpürieren und abschmecken. Den Schnittlauch in Röllchen schneiden. Die Suppe auf vorgewärmte Teller verteilen, mit der Rosinenmischung, der Zwiebel-Mandel-Mischung und den Schnittlauchröllchen garnieren.

Zubereitungszeit: 1 Stunde
Pro Portion 5 g E, 15 g F, 23 g KH = 253 kcal (1061 kJ)

Steckrübeneintopf mit Tofuklößen

Für 4 Portionen:
125 g Tofu (natur)
75 g Tofu (geräuchert)
25 g Walnußkerne
1/2 Bund glatte Petersilie
1 El Kapern
20 g Vollkorn-Paniermehl
1 Ei (Gew.-Kl. 2)
Salz
weißer Pfeffer (a. d. Mühle)
125 g Dinkel
1 l Gemüsebrühe

150 g Schalotten
400 g Steckrübe
1 Bund Frühlingszwiebeln
1 Bund Schnittlauch
2 El Apfeldicksaft
1–2 El Obstessig
60 g Linsensprossen

---

1. Für die Tofuklöße beide Sorten Tofu würfeln und mit dem Schneidstab des Handrührers pürieren. Die Nüsse mahlen, Petersilie und Kapern sehr fein hacken. Alle vorbereiteten Zutaten mit Paniermehl, Ei, Salz und Pfeffer verarbeiten. Die Masse 45 Minuten kalt stellen.

2. Inzwischen den Dinkel ohne Fett im Topf anrösten. Die Brühe dazugießen und zugedeckt bei milder Hitze 20 Minuten kochen. Die Schalotten pellen und halbieren oder vierteln. Die Steckrübe waschen, schälen und fein würfeln.

3. Schalotten und Steckrüben zum Dinkel geben und weitere 25 Minuten bei milder Hitze kochen. Die Frühlingszwiebeln waschen, putzen und schräg in Stücke schneiden. Den Schnittlauch in Röllchen schneiden. Zwiebelringe zum Dinkel geben und weitere 10 Minuten eher ziehen als kochen lassen.

4. Inzwischen aus der Tofumasse Klöße abstechen und in siedendem Salzwasser 10 Minuten ziehen lassen. Den Eintopf mit Apfeldicksaft und Essig pikant würzen. Mit Schnittlauchröllchen und Linsensprossen garnieren und mit den abgetropften Tofuklößen servieren.

Zubereitungszeit: 1 1/2 Stunden
Pro Portion 13 g E, 8 g F, 38 g KH =
283 kcal (1184 kJ)

KLEINE GERICHTE

Sie sind ein idealer Snack für zwischendurch, können Auftakt eines leichten Menüs oder gar ein leichtes Abendessen sein. Egal, zu welchem Anlaß die köstlichen Kleinigkeiten serviert werden, sie belasten nicht den Magen

Croûtons mit Steinpilz-Tatar

Für 4 Portionen:
250 g kleine feste Steinpilze
Salz
Pfeffer (a. d. Mühle)
Worcestershiresauce
ca. 1/2 Tl Zitronensaft
3–4 El Trüffelöl nach Geschmack (in Miniflaschen in italienischen Feinkostgeschäften erhältlich)
8 Scheiben italienisches Fladenbrot (schräg vom Laib geschnitten, à etwa 30 g)

1. Die Steinpilze putzen (siehe Seite 44), möglichst nicht waschen, und ganz fein hacken.

2. Pilze salzen und pfeffern, mit 2–3 Tropfen Worcestershiresauce, Zitronensaft und Trüffelöl nach Geschmack vermengen. Zugedeckt 10 Minuten kühl stellen. Ist die Masse zu trocken, evtl. noch etwas Trüffelöl dazugeben. Noch einmal abschmecken.

3. Die Brotscheiben goldbraun toasten und auf einen Rost legen. Die Pilzfarce darauf verteilen und 2 Minuten unter dem Grill überbacken. Sofort servieren.

Zubereitungszeit: 15 Minuten
Pro Portion 6 g E, 8 g F, 32 g KH = 235 kcal (983 kJ)

Artischocken mit Kräuter-Käse-Dip

Für 2 Portionen:
2 Artischocken
5 El Zitronensaft
Salz
1 Bund Schnittlauch
1 Bund Basilikum
1 Bund glatte Petersilie
80 g mittelalter Gouda
1 Paket Doppelrahm-frischkäse (200 g)
1/8 l Schlagsahne
Pfeffer (a. d. Mühle)

1. Die Stiele der Artischocken abbrechen oder abschneiden. Die Artischocken längs halbieren, mit 4 El Zitronensaft beträufeln und in Salzwasser 30–40 Minuten kochen.

2. Inzwischen die Kräuter fein hacken. Käse fein raspeln. Frischkäse mit Schlagsahne glattrühren und mit restlichem Zitronensaft, Salz und Pfeffer würzen.

3. Kräuter und Gouda unter den Frischkäse rühren und die Masse in einen Spritzbeutel mit Sterntülle füllen.

4. Die Artischocken gut abtropfen lassen. Das Heu mit einem Teelöffel herauslösen und die Käsecreme in die Artischocken spritzen. Lauwarm oder kalt servieren. Dazu passen Cracker.

Zubereitungszeit: 45 Minuten
Pro Portion 27 g E, 63 g F, 17 g KH = 770 kcal (3223 kJ)

ARTISCHOCKEN

So werden Artischocken zubereitet und gegessen: Zunächst brechen Sie die Stiele der distelähnlichen Knospen ab und schneiden die Blattspitzen gerade. Die Schnittstellen sofort mit Zitronensaft einreiben, damit sie nicht braun anlaufen. Artischocken werden in Zitronen-Salz-Wasser schwimmend – mit dem Boden nach unten – etwa 35 bis 45 Minuten gekocht. Sie sind gar, wenn sich die Blätter leicht abzupfen lassen. Da nur der untere Teil der schuppenartig angeordneten Blätter und der Boden eßbar sind, entfernen Sie die kleinen Innenblätter und das Heu, das sich über dem Boden befindet, nach dem Kochen mit einem Teelöffel. Artischocken sind reich an Vitamin A und dem Bitterstoff Cynarin, der verdauungsfördernd wirkt.

Gefüllte Tomaten

Für 6 Portionen:
6 Fleischtomaten (ca. 650 g)
100 g gemischte Oliven
30 g Pinienkerne
30 g Weizentoastbrot
1 Knoblauchzehe
30 g Parmesan
2 Stiele Basilikum
Salz
schwarzer Pfeffer
(a. d. Mühle)
2 El Olivenöl

1. Von den gewaschenen Tomaten jeweils kleine Deckel abschneiden. Die Deckel würfeln, die Tomaten aushöhlen. Das Olivenfleisch von den Steinen schneiden und grob hacken.

2. Die Pinienkerne in einer trockenen Pfanne goldbraun rösten. Das Toastbrot fein zerkrümeln (am besten in der Moulinette). Den Knoblauch durch die Presse drücken, Parmesan raspeln, Basilikumblätter von den Stielen zupfen, eventuell klein schneiden.

3. Alle vorbereiteten Zutaten mischen, mit Salz und Pfeffer abschmecken und mit dem Öl beträufeln. In die Tomaten füllen und locker aufhäufen.

4. Tomaten auf eine ofenfeste Platte setzen und bei 200 Grad (Gas 3, Umluft 18–20 Minuten bei 175 Grad) auf der 2. Einschubleiste von unten 20–25 Minuten backen. Heiß oder lauwarm servieren. Dazu passen italienisches Brot und Oliven.

Zubereitungszeit: 50 Minuten
Pro Portion 4 g E, 12 g F, 7 g KH = 154 kcal (645 kJ)

Mozzarella auf buntem Salat

Für 4 Portionen:
je 1 rote, gelbe und grüne Paprikaschote
100 g getrocknete Tomaten (a. d. Feinkostladen)
4 El Himbeeressig
Salz, Pfeffer (a. d. Mühle)
6 El Olivenöl
250 g Kirschtomaten
150 g Rauke
1 Bund Basilikum
2 Pakete Mozzarella (à 150 g)

1. Die Paprikaschoten halbieren, entkernen, waschen und mit der Hautseite nach oben auf ein Backblech legen, für 6–8 Minuten unter den vorgeheizten Grill schieben. Wenn die Haut Blasen wirft und braun wird, die Paprikaschoten häuten und in Rauten schneiden.

2. Während die Paprika unter dem Grill ist, die getrockneten Tomaten würfeln und mit Essig, Salz, Pfeffer und Öl verrühren.

3. Die Kirschtomaten waschen und halbieren. Die Raukeblätter waschen, trocknen und grob zerschneiden. Die Basilikumblätter grob hacken.

4. Jede Mozzarellakugel in 4 Scheiben schneiden, auf ein Backblech legen und im vorgeheizten Backofen bei 200 Grad (Gas 3, Umluft 3–4 Minuten bei 200 Grad) auf der 2. Einschubleiste von unten etwa 4–6 Minuten erwärmen, aber nicht schmelzen lassen.

5. Inzwischen Paprikarauten, Kirschtomaten, Rauke und Basilikum in der Salatsauce wenden und auf 4 Tellern anrichten. Die Mozzarellascheiben in die Mitte legen und mit der restlichen Salatsauce beträufeln.

Zubereitungszeit: 30 Minuten
Pro Portion 18 g E, 28 g F, 8 g KH = 366 kcal (1533 kJ)

Gemüsesülze

Für 12 Portionen:
14 Blatt weiße Gelatine
700 ml Gemüsefond (a. d. Glas)
2 Lorbeerblätter
1 El Senfkörner
1 pürierte Knoblauchzehe
Salz
weißer Pfeffer (a. d. Mühle)
250 g frische Pfifferlinge
1 El Öl
150 g kleine Champignons
75 ml trockener Weißwein
2 El Zitronensaft
120 g grüne Bohnen
180 g Staudensellerie
200 g Romanesco (grüner Blumenkohl)
200 g Brokkoli
10 dünne Möhren (450 g)
1 große Stange Porree (250 g)

1. Gelatine kalt einweichen. Gemüsefond mit Lorbeer, Senfkörnern und Knoblauch aufkochen, kräftig salzen und pfeffern. Gelatine ausdrücken, im heißen Fond auflösen, nach 30 Minuten durch ein feines Sieb gießen, kalt stellen.

2. Inzwischen Pfifferlinge putzen und kurz im heißen Öl dünsten. Champignons mit Wein und Zitronensaft einmal aufkochen. Pilze auf Küchenpapier abtropfen lassen.

3. Bohnen putzen. Selleriestangen vom Strunk schneiden. Romanesco und Brokkoli in kleinen Röschen vom Strunk schneiden. Möhren schälen. Porree ohne Strunk seitlich der Länge nach einritzen. Blatt für Blatt ablösen.

4. Nacheinander alle Gemüsesorten einzeln in leicht gesalzenem Wasser blanchieren, abschrecken, auf Küchenpapier abtropfen lassen.

5. Eine Terrinenform (1 l Inhalt) mit Klarsichtfolie glatt auslegen. Porreeblätter einzeln durch das flüssige Gelee ziehen, die Form damit auslegen (Blätter an den Breitseiten der Form großzügig überlappen lassen). Etwas Gelee auf den Boden gießen.

6. Die einzelnen Gemüse der Länge nach einschichten: zuerst die Bohnen, dann Möhren, Sellerie und Pfifferlinge. Die letzte Reihe seitlich mit Romanesco und Brokkoli (Stiele nach oben) belegen,

Champignons in die Mitte setzen. Gemüse zwischendurch immer mit Gelee bedecken.

7. Terrine mit dem überlappenden Porree verschließen und noch einmal mit Gelee bedecken. Terrine über Nacht kühl stellen.

8. Die Form vor dem Anrichten auf ein Brett stürzen und so lange mit heißen Tüchern belegen, bis die Sülze hinausgleitet. Die Gemüsesülze mit dem Elektromesser (oder einem scharfen Lachsmesser) in Scheiben schneiden. Dazu passen roh gebratene Schnittlauch-Kartoffeln und die schlanke Variante der Grünen Sauce.

Zubereitungszeit: 2 Stunden (plus Kühlzeit)
Pro Portion 4 g E, 1 g F, 4 g KH =
49 kcal (207 kJ)

Schnittlauch-Kartoffeln

Für 12 Portionen:
2,5 kg festkochende Kartoffeln
150 ml Öl
Salz, Pfeffer (a. d. Mühle)
60 g Butter
3 Bund Schnittlauch

1. Die Kartoffeln schälen, waschen, in dünne Scheiben schneiden und trockentupfen.

2. Das Öl in 2 Pfannen erhitzen. Kartoffeln bei mittlerer Hitze darin anbraten, erst wenden, wenn sie unten goldbraun sind. Bei starker Hitze und unter Wenden in 5 Minuten knusprig braun braten, mit Salz und Pfeffer würzen. Öl abgießen.

3. Die Butter dazugeben und goldbraun aufschäumen lassen. Den Schnittlauch in Röllchen schneiden und unter die Bratkartoffeln geben.

Zubereitungszeit: 50 Minuten
Pro Portion 4 g E, 8 g F, 25 g KH =
195 kcal (818 kJ)

Frankfurter Grüne Sauce

Für 12 Portionen:
1/2 Bund Sauerampfer
je 1 Bund Petersilie, Pimpinelle und Brunnenkresse
1 Handvoll Kerbel
1/2 Bund Borretsch (oder andere Kräuter)
180 g Schmand
250 g Magermilchjoghurt
Salz, Pfeffer (a. d. Mühle)

Die Kräuter von den Stielen zupfen und mit Schmand und Joghurt in der Moulinette fein pürieren, mit Salz und Pfeffer würzen.

Zubereitungszeit: 15 Minuten
Pro Portion 2 g E, 3 g F, 2 g KH =
45 kcal (188 kJ)

Spinat-Börek

Für 4 Portionen:
200 g Mehl
Salz, 7 El Olivenöl
Mehl zum Bearbeiten
1,3 kg grober Blattspinat
100 g Zwiebeln (gewürfelt)
Pfeffer (a. d. Mühle)
120 g Schafskäse
250 g Sahnejoghurt
1 Bund Petersilie (gehackt)
1 Knoblauchzehe (durchgepreßt)
1 El Zitronensaft
2 El schwarze Sesamsaat
Fett zum Ausbacken

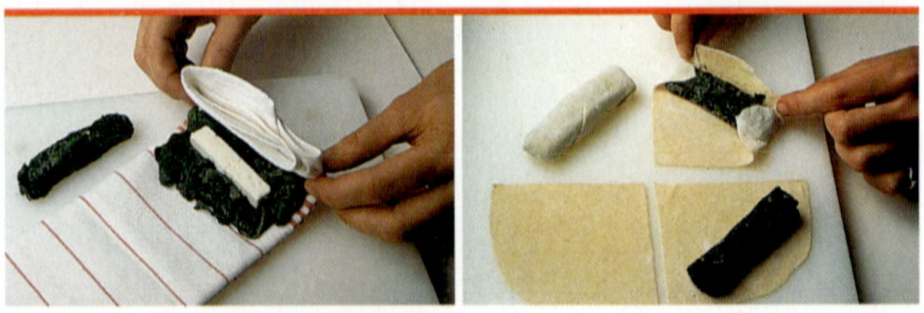

Spinatröllchen formen
Den gut ausgedrückten Spinat auf einem Tuch zu einem Rechteck formen. Dann je einen Käsestift in die Mitte des Spinats legen und mit Hilfe des Tuches den Käse fest hineinrollen. Anschließend jedes Teigstück zu einem Kreis ausrollen und vierteln. Dann auf jedes Viertel je eine Spinatrolle legen, die Teigseiten darüber klappen und den Teig aufrollen.

1. Mehl, 1/2 Tl Salz, 2 El Olivenöl und 80 ml lauwarmes Wasser verkneten. Auf der bemehlten Arbeitsfläche zu einer Rolle formen, in 6 Stücke teilen, mit einem feuchten Tuch bedeckt 1/2 Stunde ruhenlassen.

2. Spinat putzen, waschen, abtropfen lassen. Zwiebeln in 3 El Olivenöl andünsten, Spinat dazugeben, zugedeckt bei mittlerer Hitze ca. 5 Minuten dünsten. Ausdrücken, salzen, pfeffern und mit dem restlichen Öl mischen.

3. Schafskäse in 24 Stifte schneiden. Rollen formen (siehe Kasten).

4. Teigstücke nacheinander auf bemehlter Arbeitsfläche zu Kreisen von 24 cm Durchmesser ausrollen, vierteln, rundum mit etwas Wasser bepinseln. Spinatrolle darauf legen und den Teig aufrollen (siehe Kasten).

5. Joghurt, Petersilie, Knoblauch, Zitronensaft, Salz, Pfeffer und Sesam verrühren. Rollen im 180 Grad heißen Fett portionsweise ca. 2–3 Minuten knusprig ausbacken, abtropfen lassen, mit der Joghurtsauce servieren.

Zubereitungszeit: 1 3/4 Stunden
Pro Portion 17 g E, 57 g F, 26 g KH = 708 kcal (2966 kJ)

Pilz-Tartes auf grünem Salat

Für 12 Portionen:
Teig
300 g Mehl
210 g gekühlte Butter
1 Ei (Gew.-Kl. 2)
1 Tl Zucker
Salz
Mehl zum Bearbeiten des Teiges
Erbsen oder Linsen zum Blindbacken
Füllung
350 g feste rosa Champignons
500 g frische Shiitake-Pilze oder Austernsaitlinge
80 g Schalotten
1 Bund glatte Petersilie
20 g Mehl
1 Eigelb (Gew.-Kl. 2)
100 g Crème fraîche
4 El Öl
Salz
weißer Pfeffer (a. d. Mühle)
Salat
200 g Frisée (1 kleiner Kopf)
100 g Löwenzahn
100 g Brunnenkresse
1 Bund Radieschen
2 El Essig
3 El Öl
Salz, Pfeffer (a. d. Mühle)

1. Für den Teig das Mehl auf die Arbeitsfläche schütten und eine Mulde hineindrücken. Butter in Stückchen, Ei, Zucker und 1 Prise Salz hineingeben. Von der Mitte aus zu einem glatten Teig verkneten. In Folie wickeln, 1 Stunde kühl stellen.

2. Für die Füllung die Pilze waschen und putzen. Champignons halbieren, Shiitake vierteln. Schalotten fein würfeln. Petersilie grob hacken. Mehl mit Eigelb und Crème fraîche verrühren.

3. Das Öl erhitzen. Zuerst die Schalottenwürfel andünsten, dann die Pilze dazugeben. Mit Salz und Pfeffer würzen. Die Pilze bei starker Hitze in geschlossener Pfanne 6–7 Minuten dünsten. Dann die Crème-fraîche-Mischung unterrühren. Die Pfanne von der Kochstelle nehmen, Pilzmischung erkalten lassen.

4. Inzwischen die Salatblätter putzen, waschen, trockenschleudern, evtl. zerpflücken. Radieschen waschen und in Scheiben schneiden. Aus Essig, Öl, Salz und Pfeffer eine Vinaigrette rühren, vorsichtig mit Salatblättern und Radieschen mischen.

5. Den Teig auf der bemehlten Arbeitsfläche kurz durchkneten und zu einem Rechteck von 45x20 cm ausrollen. 12 Metallförmchen (etwa 9 cm Durchmesser) dicht nebeneinander auf die Arbeitsfläche stellen. Teig mit der Kuchenrolle aufwickeln und locker über die Förmchen drücken. Dann mit der Kuchenrolle darüber rollen, so daß sich der Förmchenrand durch den Teig drückt. Restlichen Teig entfernen.

6. Die Förmchen mit Erbsen oder Linsen füllen. Im vorgeheizten Backofen bei 200 Grad (Gas 3, Umluft 225 Grad) auf der 2. Einschubleiste von unten 12–15 Minuten backen. Hülsenfrüchte entfernen, bevor die Tartes kalt sind. Kalte Tartes aus den Förmchen stürzen.

7. Gehackte Petersilie unter die Pilze rühren. Die Pilz-Mischung auf die Tartes geben. Bei 200 Grad (Gas 3, Umluft 225 Grad) auf der 2. Einschubleiste von unten 10 Minuten backen. Die Tartes etwas abkühlen lassen. Lauwarm mit Salat anrichten.

Zubereitungszeit: 1 1/2 Stunden
Pro Portion 6 g E, 24 g F, 24 g KH = 366 kcal (1465 kJ)

Gebratene Tomatenscheiben

Für 4 Portionen:
1 kleine Zwiebel
1/2 Bund Petersilie
4 Fleischtomaten (à 200 g)
150 g Vollmilchjoghurt
3 El Schlagsahne
Salz
Pfeffer (a. d. Mühle)
1 Ei
50 g Semmelbrösel
4 El Öl

1. Die Zwiebel pellen und fein würfeln, die Petersilie hacken, die Tomaten in 1 cm dicke Scheiben schneiden.

2. Joghurt mit Sahne, Zwiebelwürfeln und Petersilie verrühren. Joghurt und Tomatenscheiben salzen und pfeffern.

3. Das Ei verquirlen. Die Tomatenscheiben jeweils erst im Ei und anschließend in Semmelbröseln wenden, im heißen Öl von jeder Seite 2 Minuten scharf anbraten. Zusammen mit der Joghurtsauce servieren. Dazu paßt gedünsteter Blattspinat.

Zubereitungszeit: 30 Minuten
Pro Portion 7 g E, 16 g F, 16 g KH = 243 kcal (1017 kJ)

Topfenstrudel mit brauner Butter und Salat

Für 4–6 Portionen:
200 g Mehl
Salz
2 1/2 El Öl
250 g Magerquark
200 g Schichtkäse
50 g Hartweizengrieß
1 Eigelb (Gew.-Kl. 2)
2 Eier (Gew.-Kl. 2)
weißer Pfeffer (a. d. Mühle)
180 g Butter
Mehl zum Bearbeiten
ca. 500 ml Milch
1 kleiner Kopfsalat
1 Bund Rauke
1 Eichblattsalat
200 g Kirschtomaten
1 Bund Schnittlauch
4 El Zitronensaft
8 El Kürbiskernöl

1. Für den Teig das Mehl, 100 ml lauwarmes Wasser, 1 Tl Salz und 2 El Öl zuerst mit den Knethaken des Handrührers verkneten, dann mit der Hand weiterkneten, bis ein glatter, geschmeidiger Teig entsteht. Teig zu einer Kugel formen. Klarsichtfolie mit dem restlichen Öl bepinseln, den Teig hineinwickeln und darin 30 Minuten an einem warmen Ort ruhenlassen.

2. Für die Füllung Quark, Schichtkäse, Grieß, Eigelb und Eier mit dem Holzlöffel gut vermischen, dabei mit Salz und Pfeffer würzen.

3. 80 g Butter schmelzen. Den Strudelteig auf einem bemehlten Küchenhandtuch zu einem Rechteck von ca. 50x35 cm ausziehen oder ausrollen und mit der Hälfte der zerlassenen Butter bepinseln. Die Füllung gehäuft auf die 50 cm lange Teigseite verteilen. Mit Hilfe des Tuches zu einer lockeren Rolle formen, die Enden gut zudrehen und die Rolle mit der Nahtseite nach unten vorsichtig in eine Form mit hohem Rand (Bräter oder ähnliches) setzen.

4. Um den Strudel herum so viel Milch gießen, daß der Strudel zur Hälfte in der Milch steht. Die Strudeloberfläche mit restlicher zerlassener Butter bepinseln.

5. Den Strudel im vorgeheizten Backofen bei 200 Grad (Gas 3, Umluft 180 Grad) auf der 2. Einschubleiste von unten 40 Minuten goldbraun backen.

6. Inzwischen die Blattsalate waschen, trockenschleudern und zerzupfen. Die Tomaten vierteln. Den Schnittlauch in feine Röllchen schneiden. Die restlichen 100 g Butter in einem Topf bei milder Hitze bräunen.

7. Kurz vor Ende der Backzeit die Salate mit den Kirschtomaten auf Tellern anrichten, mit Zitronensaft und Kürbiskernöl beträufeln. Den Strudel in Scheiben schneiden, dazulegen und mit der braunen Butter beträufeln.

Zubereitungszeit: 1 1/2 Stunden
Pro Portion (bei 6 Portionen)
21 g E, 39 g F, 35 g KH =
564 kcal (2405 kJ)

Topfenstrudel formen

Den Teig auf einem bemehlten Tuch ausrollen und ausziehen. Die Füllung darauf häufen. Das Tuch anheben und den Teig mit Hilfe des Tuches aufrollen. Die Strudelenden zusammendrehen und den Strudel mit der Nahtseite nach unten in eine ofenfeste Form setzen.

Tomaten-Spinat-Mousse mit Spargelsalat

Für 6 Portionen:
Tomatenmousse
2–3 Blatt weiße Gelatine
300 g Tomaten und
2 Tomaten zum Garnieren
1 Zwiebel, 20 g Butter
1 Tl Öl, 1 El Tomatenmark
Salz, Cayennepfeffer
1/8 l Schlagsahne
Spinatmousse
2–3 Blatt weiße Gelatine
250 g Blattspinat
1 Zwiebel
20 g Butter, 1 El Öl
Salz, Pfeffer (a. d. Mühle)
Muskatnuß (frisch gerieben)
1/8 l Schlagsahne
Spargelsalat
150 g grüner Spargel
1 Schalotte
3 Zweige glatte Petersilie
2 El Traubenessig
Salz, Pfeffer (a. d. Mühle)
Zucker, 4 El Öl

1. Für die Tomatenmousse die Gelatine in kaltem Wasser einweichen. Die Tomaten (bis auf die zum Garnieren) mit kochendem Wasser überbrühen, häuten, entkernen und würfeln. Die Zwiebel würfeln.

2. Butter und Öl im Topf erhitzen. Zwiebelwürfel darin glasig dünsten. Tomatenwürfel und -mark dazugeben, mit Salz und Cayenne würzen, bei milder Hitze zugedeckt 20 Minuten dünsten, anschließend mit dem Schneidstab des Handrührers pürieren, durch ein feines Sieb streichen.

3. Die Gelatine tropfnaß bei milder Hitze auflösen, unter das Tomatenpüree rühren und 20–30 Minuten kalt stellen. Die Sahne steif schlagen und unter das Tomatenpüree heben. Die Mousse in eine kleine flache Arbeitsschale füllen und einmal auf die Arbeitsfläche stoßen, damit sich keine Luftblasen bilden. Tomatenmousse kalt stellen.

4. Für die Spinatmousse die Gelatine in kaltem Wasser einweichen. Den Spinat putzen und gut waschen. Die Zwiebel würfeln.

5. Die Butter und das Öl im Topf erhitzen. Die Zwiebel darin glasig dünsten. Den tropfnassen Spinat dazugeben, mit Salz, Peffer und Muskatnuß würzen und bei milder Hitze zugedeckt 5 Minuten dünsten. Den Spinat mit dem Schneidstab des Handrührers pürieren. Gelatine tropfnaß bei milder Hitze auflösen, unter den Spinat rühren und 30 Minuten kalt stellen.

6. Die Sahne steif schlagen und unter den Spinat heben. Die Spinatmousse auf die erstarrte Tomatenmousse geben, glattstreichen und zugedeckt 2–3 Stunden kalt stellen.

7. Für den Spargelsalat den Spargel nur am Stielansatz schälen, schräg in dünne Scheiben schneiden. Die Schalotte fein würfeln. Die Petersilie hacken. Die beiden Tomaten zum Garnieren in schmale Streifen schneiden.

8. Aus Traubenessig, Salz, Pfeffer, 1 Prise Zucker und dem Öl eine Sauce rühren. Spargel, Schalottenwürfel und Petersilie unterheben und 30 Minuten durchziehen lassen.

9. Die Mousse mit einem feuchten Eßlöffel portionsweise ausstechen und mit dem Spargelsalat und den Tomatenspalten anrichten.

Zubereitungszeit: 1 1/2 Stunden (plus Kühlzeiten)
Pro Portion 4 g E, 28 g F, 6 g KH = 303 kcal (1270 kJ)

Roggenbrötchen mit Mozzarella

Für 4–8 Portionen:
4 Roggenvollkornbrötchen
6 El Olivenöl
2 Knoblauchzehen
50 g gefüllte grüne Oliven
200 g Tomaten
1 Zucchini (100 g)
250 g Mozzarella
Salz, Pfeffer (a. d. Mühle)
1 Bund Oregano
6 grüne eingelegte Peperoni

1. Brötchen halbieren und leicht aushöhlen. Brötchenhälften mit Olivenöl und den durchgepreßten Knoblauchzehen bestreichen.

2. Oliven abtropfen lassen. Tomaten, geputzte Zucchini, Oliven und abgetropften Mozzarella in Scheiben schneiden. Die Brötchen in dieser Reihenfolge mit den Zutaten belegen und mit Salz und Pfeffer würzen.

3. Oreganoblätter und Peperoni grob in Streifen schneiden, die Brötchen mit der Hälfte Oregano bestreuen und den Peperoni belegen. Im vorgeheizten Backofen bei 200 Grad (Gas 3, Umluft 200 Grad) auf der 2. Einschubleiste von unten 10–15 Minuten backen, mit dem restlichen Oregano bestreut servieren.

Zubereitungszeit: 30 Minuten
Pro Portion (bei 8 Portionen)
9 g E, 14 g F, 11 g KH = 213 kcal (890 kJ)

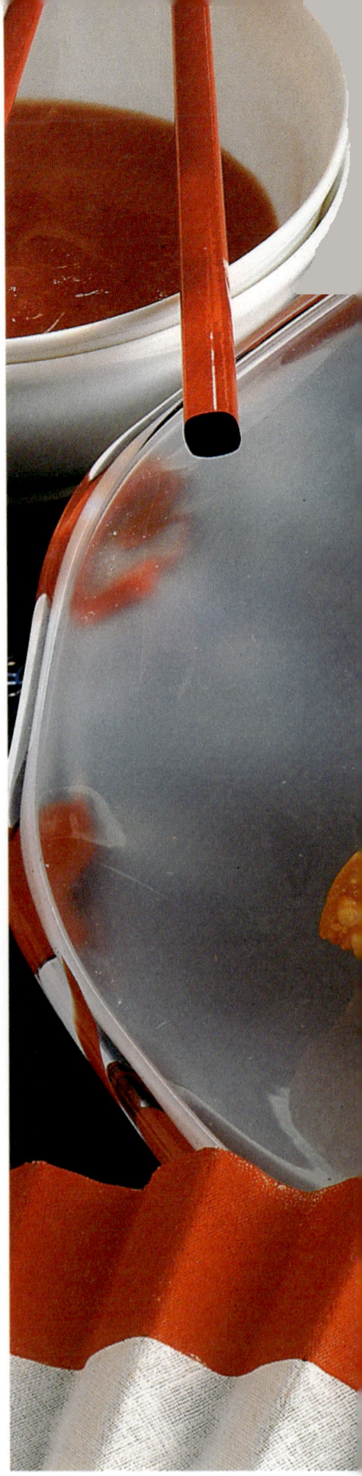

Gebratene Steinpilze mit Schälnüssen

Für 4 Portionen:
200 g Schälnüsse
(frisch geerntete Walnüsse, deren Kerne noch weiß und weich sind)
500 g Steinpilze
1 Bund glatte Petersilie
1–2 Knoblauchzehen
4 El Öl
1 El Zitronensaft, Salz
grob geschroteter schwarzer Pfeffer
Zucker
1 Tl Walnußöl

1. Die Schälnüsse aus den Schalen brechen. Die Kerne eventuell mit einem spitzen Messer häuten.

2. Die Steinpilze ganz kurz kalt abbrausen, mit einem Tuch oder Küchenpapier trocknen, putzen und in Scheiben schneiden.

3. Die Petersilie von den Stielen zupfen. Eine Hälfte der Petersilienblätter fein hacken. Knoblauch pellen und fein hacken.

4. Das Öl in einer Pfanne erhitzen. Steinpilze und Knoblauch darin 5–6 Minuten goldbraun anbraten. Mit Zitronensaft, Salz, Pfeffer und 1 Prise Zucker würzen. Die gehackte Petersilie unterheben.

5. Die Pilze auf Portionstellern anrichten, mit Walnußöl beträufeln und mit Schälnußkernen und Petersilienblättchen bestreuen. Dazu passen knuspriges Baguette oder italienisches Landbrot.

Zubereitungszeit: 45 Minuten
Pro Portion 6 g E, 25 g F, 8 g KH = 293 kcal (1233 kJ)

Steinpilze putzen
Schneiden Sie fleckige Stellen großzügig heraus. Erde und Sand mit Küchenpapier oder einer Bürste entfernen, stark verschmutzte Exemplare kurz abbrausen und trockentupfen. Bei großen Pilzen entfernen Sie die „Röhren" unter dem Hut mit einem scharfen Messer. Ebenso bei kleinen, falls sie weich und schwammig sind.

Steckrüben in Wan-Tan-Teig

Für 4 Portionen:
500 g Steckrübe
80 g Schalotten
40 g Butter oder Margarine
2 El feingeschnittener frischer Majoran
Salz, 3 gestrichene El Zucker
Cayennepfeffer
4 reife Tomaten (etwa 200 g)
1 El Rotweinessig
300 ml Tomatensaft
1 El süße Chilisauce
1 Ei
16 Wan-Tan-Teigblätter (10x10 cm, a. d. Asienladen)
1 l Öl zum Fritieren

1. Die Steckrübe schälen und grob raspeln. Die Schalotten pellen und fein würfeln. Die Hälfte der Schalotten in 30 g Butter oder Margarine andünsten, die Steckrüben dazugeben und dünsten, bis sie leicht Farbe bekommen haben. Dann bei mittlerer Hitze etwa 15 Minuten im geschlossenen Topf weichdünsten. Zum Schluß den Majoran untermischen und mit Salz, Zucker und Cayenne abschmecken.

2. Die Tomaten kleinschneiden. Die restlichen Schalotten in der restlichen Butter oder Margarine kurz andünsten. Mit Essig und Tomatensaft ablöschen. Die Sauce sämig einkochen lassen. Mit Salz, Cayenne und der Chilisauce würzen. Durch ein Haarsieb passieren.

3. Das Ei verquirlen. Die Wan-Tan-Blätter auf der Arbeitsplatte ausbreiten, die Steckrübenmasse darauf verteilen, die Ränder leicht mit dem verquirlten Ei bepinseln und die Teigblätter zu Dreiecken einschlagen. Die Ränder festdrücken.

4. Teigdreiecke portionsweise im etwa 180 Grad heißen Fritierfett 2–3 Minuten goldgelb ausbacken. Zum Abtropfen auf Küchenpapier legen. Auf Portionstellern anrichten. Tomatensauce kalt oder warm dazu servieren.

Zubereitungszeit: 55 Minuten
Pro Portion 7 g E, 31 g F, 34 g KH = 450 kcal (1885 kJ)

GEMÜSE

Hauptgerichte brauchen weder Kotelett noch Schmorbraten. Hier der Beweis: Bei den folgenden Gerichten spielen Wirsing, Möhren und Tomaten die Hauptrolle. Zu Recht!

Gebratener Wirsing mit Steinpilzsauce

Für 4 Portionen:
1 Zwiebel (50 g)
200 g frische Steinpilze
20 g Butter
2–3 El Weißwein
200 ml Schlagsahne
1 kleiner Kopf Wirsingkohl (1 kg)
Salz, Pfeffer (a. d. Mühle)
100 g Mehl
2 Eier
1 El Kümmel
200 g Semmelbrösel
5–6 El Öl
1 Bund Schnittlauch

1. Die Zwiebel pellen und fein würfeln. Die Steinpilze putzen (siehe Seite 44), den Sand mit Küchenpapier abreiben. Die Pilze in Scheiben schneiden.

2. 10 g Butter in der Pfanne erhitzen, Zwiebel darin glasig dünsten, mit Weißwein ablöschen, Sahne und Steinpilze dazugeben. Die Steinpilzsauce bei mittlerer Hitze in etwa 15 Minuten einkochen lassen.

3. Inzwischen die äußeren Blätter vom Kohlkopf abnehmen. Den Kohlkopf von oben nach unten in ca. 1 cm dicke Scheiben schneiden. 4 gleich große Scheiben aus der Mitte weiterverarbeiten, den Rest anderweitig verwenden. Aus den 4 Scheiben den Strunk vorsichtig so herausschneiden, daß die Scheiben noch zusammenhalten.

4. Die Scheiben von beiden Seiten salzen, pfeffern und im Mehl wenden, dann durch die verrührten Eier ziehen. Kümmel mit den Semmelbröseln mischen und anschließend die Kohlscheiben darin panieren.

5. Öl in einer zweiten Pfanne erhitzen. Die Wirsingscheiben darin bei milder Hitze von jeder Seite 5 Minuten braten.

6. Den Schnittlauch in feine Röllchen schneiden. Eine Minute bevor die Wirsingscheiben fertiggebraten sind, restliche Butter in die Pfanne geben, Wirsingscheiben noch einmal wenden.

7. Die Steinpilzsauce mit Salz und Pfeffer würzen und den Schnittlauch hineingeben. Die Sauce über die angerichteten Wirsingscheiben geben.

Zubereitungszeit: 35 Minuten
Pro Portion 14 g E, 36 g F, 36 g KH = 532 kcal (2224 kJ)

Gefüllte Kohlrabi mit Safransauce

Für 4 Portionen:
4 Kohlrabi (ca. 1 kg)
Salz
300 g Blattspinat (TK)
100 g Gouda
1 Ei
Pfeffer (a. d. Mühle)
1 Tl gekörnte Gemüsebrühe
100 ml Schlagsahne
3 El Wermutwein
1 Tütchen Safran (0,125 g)
1 El Saucenbindemittel

Kohlrabi aushöhlen
Halbieren Sie die gekochten Knollen, und schneiden Sie das Innere mit einem Messer über Kreuz ein. Dann die Kohlrabiviertel herausheben und die Knolle füllen. Egal, ob Sie Kohlrabi als Gemüse oder Rohkost zubereiten, auf jeden Fall sollten Sie das Gericht mit gehacktem Kohlrabigrün bestreuen. Es ist zart im Geschmack und vitaminreicher als die Knolle selbst.

1. Zartes Kohlrabigrün beiseite legen. Kohlrabi schälen und in Salzwasser 25–30 Minuten zugedeckt kochen.

2. Spinat dünsten. Käse raspeln. 75 g Käse und das Ei vermengen, mit Salz und Pfeffer würzen.

3. Kohlrabi abschrecken, halbieren, aushöhlen und mit der Spinatmasse füllen. Mit restlichem Käse bestreuen und in eine ofenfeste Form setzen. 250 ml Kochsud und Brühe verrühren und zugießen.

4. Kohlrabi im vorgeheizten Backofen bei 200 Grad (Gas 3, Umluft 175 Grad) auf der 2. Einschubleiste von unten 25 Minuten garen.

5. Kohlrabi aus der Form nehmen und warm halten. Brühe durch ein Sieb gießen, mit Sahne, Wermut und Safran verrühren. Das Saucenbindemittel einrühren, aufkochen lassen, mit Salz und Pfeffer würzen. Kohlrabi mit dem Kohlrabigrün anrichten. Dazu paßt Reis.

Zubereitungszeit: 1 1/4 Stunden
Pro Portion 13 g E, 17 g F, 8 g KH = 258 kcal (1082 kJ)

Tacos mit Guacamole

Für 4 Portionen:
8 Tacoschalen (knusprige Teigtaschen, in der Exoten-Abteilung des Supermarktes erhältlich)
1 Zwiebel (40 g)
2 Tomaten
2 reife Avocados
2 Tl Zitronensaft
Salz
1 Msp. Sambal oelek
einige Stiele Koriander

1. Die Tacoschalen nach Packungsanweisung aufbacken. Zwiebel pellen und in feine Würfel schneiden. Tomaten vierteln, entkernen und in Würfel schneiden. Avocados schälen, halbieren und den Kern entfernen.

2. Die Avocadohälften in grobe Würfel schneiden, mit Zitronensaft beträufeln und mit dem Schneidstab des Handrührers pürieren.

3. Die Hälfte der Zwiebel- und Tomatenwürfel unter das Avocadopüree heben und mit Salz und Sambal oelek würzen. Einige Korianderblätter beiseite legen, die restlichen hacken und unter das Püree heben.

4. Die Tacos mit Guacamole füllen, mit den restlichen Gemüsewürfeln und Korianderblättern garnieren.

Zubereitungszeit: 30 Minuten
Pro Portion 4 g E, 27 g F, 17 g KH = 338 kcal (1417 kJ)

Gefüllte Wirsingblätter mit Tomatenkruste

Für 4 Portionen:
150 g Wildreis
Salz
2 Zwiebeln
3 El Olivenöl
1 El frische Rosmarinnadeln
1 Dose geschälte Tomaten (400 g EW)
Zucker
1 Knoblauchzehe
Cayennepfeffer
8 Wirsingblätter (ca. 350 g)
300 g Möhren
50 g Haselnußkerne
20 g Parmesan (frisch geraspelt)

1. Den Wildreis in 1/2 l Salzwasser aufkochen, zugedeckt bei schwacher Hitze 45 Minuten ausquellen lassen.

2. Inzwischen für die Tomatenkruste die Zwiebeln pellen und würfeln. In 1 El Öl zusammen mit dem Rosmarin glasig dünsten. Die Tomaten grob zerschneiden und mit dem Saft dazugeben. Bei mittlerer Hitze ohne Deckel in etwa 20 Minuten dick einkochen. Mit Salz, Zucker, gepelltem und durchgepreßtem Knoblauch und Cayennepfeffer würzen, beiseite stellen.

3. Die Mittelrippen der Wirsingblätter flachschneiden. Den Wirsing in kochendem Salzwasser etwa 3 Minuten blanchieren, abschrecken und im Sieb abtropfen lassen. Die Möhren schälen, erst in Scheiben, dann in kurze Stifte schneiden. Die Haselnüsse grob hacken.

4. Eine ofenfeste Form mit 1/2 El Öl auspinseln. Den Backofen auf 200 Grad (Gas 3, Umluft 180 Grad) vorheizen. Die Möhren im restlichen Öl andünsten, mit Salz und Zucker würzen. Haselnüsse und abgetropften Reis untermischen.

5. Die Füllung auf die Kohlblätter verteilen. Die Blätter zusammenklappen und in die Form legen. Die Tomatenmasse löffelweise darauf verteilen und mit dem Parmesan bestreuen. Auf der 2. Einschubleiste von unten 10–15 Minuten überbacken (Umluft 15 Minuten), dann servieren.

Zubereitungszeit: 1 Stunde, 10 Minuten
Pro Portion 13 g E, 18 g F, 43 g KH = 381 kcal (1595 kJ)

Pfannkuchenberg mit Tomatenfüllung

Für 4 Portionen:
2 Eier (Gew.-Kl. 3)
1/4 l Milch
100 g Mehl
Salz, Zucker
je 1 Bund Petersilie, Dill, Schnittlauch (gehackt)
2 El Öl
750 g Tomaten
Pfeffer (a. d. Mühle)
200 g Gouda (geraspelt)

1. Eier, Milch, Mehl mit je 1 Prise Salz und Zucker verquirlen. Kräuter mit dem Schneidstab in 10 El Teig pürieren. Unter den restlichen Teig rühren.

2. In einer beschichteten Pfanne im heißen Öl 6 dünne Pfannkuchen pro Seite etwa 2 Minuten backen. Tomaten in Scheiben schneiden, salzen und pfeffern.

3. Ein Blech mit Backpapier auslegen. Darauf die Pfannkuchen schichtweise mit Tomaten und Käse belegt stapeln. Mit Käse bestreuen. Im vorgeheizten Backofen bei 200 Grad (Gas 3, Umluft 170 Grad) auf der 2. Einschubleiste von unten 15–20 Minuten backen.

Zubereitungszeit: 40 Minuten
Pro Portion 23 g E, 25 g F, 28 g KH = 445 kcal (1861 kJ)

Blumenkohl mit Spinat und Tomatensauce

Für 4 Portionen:
1 Blumenkohl (ca. 750 g)
Salz
1 Zwiebel
20 g Butter oder Margarine
1 Paket Blattspinat (TK, 300 g)
1 Paket Tomatenpüree (500 g)
Zucker
Cayennepfeffer
50 g Parmesan
1 Bund glatte Petersilie

1. Blumenkohl putzen, waschen und in Salzwasser etwa 20 Minuten kochen. Zwiebel pellen und würfeln, in der Butter oder Margarine andünsten und den gefrorenen Spinat dazugeben. 6 El Wasser zugießen und den Spinat im geschlossenen Topf 15–20 Minuten dünsten, ab und zu umrühren.

2. Das Tomatenpüree in einer Pfanne 5–10 Minuten einkochen lassen und mit Salz, 1 Prise Zucker und Cayennepfeffer pikant abschmekken. Käse raspeln, Petersilie hacken.

3. Spinat abtropfen lassen und auf eine Platte geben. Blumenkohl abtropfen lassen und darauf setzen. Mit der Tomatensauce übergießen und mit dem Käse und der Petersilie bestreuen.

Zubereitungszeit: 40 Minuten
Pro Portion 13 g E, 9 g F, 12 g KH = 178 kcal (744 kJ)

BLUMENKOHL

Blumenkohl sieht besonders attraktiv aus, wenn er im ganzen serviert wird. Aber auch in Röschen geteilt oder als Rohkost fein gehobelt, zählt die bekömmlichste aller Kohlsorten zu den Gemüsen, die kaum Arbeit machen: Schließlich müssen die Röschen nur von den Außenblättern und vom Strunk geschnitten werden. Die Frische eines Blumenkohls erkennen Sie am Geruch: Riecht er unangenehm streng, ist er alt und sollte nicht mehr gekauft werden.

Gefüllte Paprikaschoten mit Pfifferlingen

Für 4 Portionen:
4 Paprikaschoten (gemischt)
2 Köpfe Weißkohl (insgesamt 1,2 kg)
Salz, 1 Tl Zucker
1 Tl Kümmel
1 Knoblauchzehe
4 El Gänseschmalz
1/8 l Gemüsefond (a. d. Glas)
2 Schalotten
200 g Pfifferlinge
200 g rosa Champignons
1/2 Bund Petersilie
3 El Crème fraîche
Salz, Pfeffer (a. d. Mühle)

1. Am Vortag von den Paprikaschoten die Stiele keilförmig herausschneiden, Kerne und Scheidwände entfernen, die Paprikaschoten waschen.

2. Vom Kohl die äußeren Blätter entfernen. Kohl vierteln und, bis auf den Strunk, sehr fein hobeln. Mit 2 Tl Salz, Zucker, Kümmel und durchgepreßtem Knoblauch mischen, Kohl 30 Minuten in einem Sieb abtropfen lassen.

3. Den Kohl in die Schoten füllen, jeweils 1 Tl Gänseschmalz auf den Kohl geben, die Schoten mit den Stielen verschließen und 24 Stunden im Kühlschrank ziehen lassen.

4. Am nächsten Tag restliches Schmalz in einem Schmortopf erhitzen. Die Schoten hineinsetzen, den Fond zugießen. Zugedeckt im vorgeheizten Backofen bei 200 Grad (Gas 3, Umluft 200 Grad) auf der 2. Einschubleiste von unten 1 Stunde schmoren.

5. Inzwischen Schalotten pellen und fein würfeln. Pilze waschen, putzen, die großen halbieren. Petersilie fein hakken. Schalotten nach 1 Stunde zu den Paprikaschoten geben, nach 15 Minuten die Pilze. Alles zusammen weitere 30 Minuten im Ofen schmoren lassen.

6. Paprika und Pilze aus dem Sud nehmen und warm stellen. Crème fraîche in den Sud geben und cremig einkochen lassen. Mit Salz und Pfeffer würzen, die Petersilie unterheben. Die Paprika mit den Pilzen und der Sauce servieren.

Zubereitungszeit: 3 Stunden
(plus Zeit zum Durchziehen)
Pro Portion 8 g E, 26 g F, 17 g KH =
342 kcal (1432 kJ)

Schnittlauch-Crêpes mit Steinpilzen

Für 4 Portionen:
80 g Mehl
2 Eier (Gew.-Kl. 3)
1/4 l Milch
Salz
1 Bund Schnittlauch
1 Zwiebel
1 Knoblauchzehe
500 g Steinpilze
3 El Öl
40 g Butter oder Margarine
Pfeffer (a. d. Mühle)
50 g Crème double
150 ml Schlagsahne

1. Das Mehl mit Eiern, Milch und Salz zu einem glatten Teig verquirlen und mindestens 20 Minuten ausquellen lassen.

2. Inzwischen den Schnittlauch fein schneiden. Zwiebel und Knoblauch pellen. Die Zwiebel sehr fein würfeln, den Knoblauch fein hacken. Die Pilze abreiben (siehe S. 44) und in Scheiben schneiden.

3. Eine schwere, mittelgroße Pfanne (26 cm Durchmesser) dünn mit Öl auspinseln. Nacheinander 8 dünne Crêpes darin backen. Die Pfanne dabei jedesmal mit Öl auspinseln (insgesamt 2 El Öl dafür verbrauchen). Sobald die Unterseite fest ist, die feuchte Oberseite mit Schnittlauch bestreuen, Crêpes nach dem Wenden hellgelb backen und zugedeckt warm stellen (Backofen 50 Grad, Gas 1).

4. Zwiebel und Knoblauch im restlichen Öl und mit der Butter oder Margarine in einer großen Pfanne andünsten. Die Hitze hochschalten. Die Pilze dazugeben und unter Wenden goldbraun anbraten, salzen und pfeffern. Crème double und Sahne verrühren und zugießen. Die Pilzfarce ohne Deckel 2 Minuten kochen, dabei gelegentlich umrühren.

5. Die Crêpes mit den Pilzen füllen, zusammenfalten, je 2 Stück auf einem vorgewärmten Teller anrichten, mit dem restlichen Schnittlauch bestreuen, sofort servieren.

Zubereitungszeit: 45 Minuten
Pro Portion 12 g E, 39 g F, 25 g KH = 512 kcal (2142 kJ)

Gemüserösti mit Raukesalat

Für 4 Portionen:
50 g Rauke
130 g Kartoffeln
1 Möhre (60 g)
120 g Zucchini
100 g weiße Champignons
2 Eigelb
6 El Öl
Salz, Pfeffer (a. d. Mühle)
4 El Olivenöl
2 El Sherryessig
4 El Crème fraîche

1. Rauke putzen, waschen und trockenschleudern. Kartoffeln schälen, waschen und mit kaltem Wasser bedecken. Möhre schälen. Zucchini und Champignons putzen. 2 Champignons in dünne Scheiben schneiden, den Rest fein hacken. Kartoffeln, Möhren und Zucchini auf der groben Seite der Haushaltsreibe in 5–6 cm lange Stifte raspeln.

2. Gemüsestifte in einem Küchentuch gut ausdrücken. Mit dem Eigelb vermischen und zu 12 Kugeln formen. 3 El Öl in einer Pfanne bei milder Hitze erhitzen und 6 Gemüsekugeln in das Fett geben. Mit einem Löffel flachdrücken und pro Seite 2–3 Minuten braten. Rösti aus der Pfanne nehmen, salzen, pfeffern und warm stellen. Den Vorgang wiederholen, bis alle Rösti gebraten sind.

3. Olivenöl, Essig, Salz und Pfeffer vermischen. Rauke darin wenden, etwas abtropfen lassen und mit den Rösti, den gehackten und geschnittenen Champignons und der Crème fraîche anrichten.

Zubereitungszeit: 50 Minuten
Pro Portion 4 g E, 34 g F, 6 g KH = 361 kcal (1513 kJ)

Gebackenes Gemüse mit Kräuter-Quark-Dip

Für 4 Portionen:
4 Eier
500 g Mehl
1 Tl Backpulver
Salz
600 ml Weißwein
750 g kleine Bundmöhren
750 g Blumenkohl
2 Gemüsezwiebeln
(ca. 400 g)
1–1 1/2 l Öl
500 g Sahnequark
Pfeffer (a. d. Mühle)
3–4 El Zitronensaft
1 Topf Zitronenmelisse
1/2 Bund Schnittlauch
1 Kopf Salat

1. Für den Weinteig Eier mit Mehl, Backpulver und 1 Prise Salz verrühren. Den Wein dazugießen, glattrühren und 30 Minuten ausquellen lassen.

2. Möhren putzen, dabei etwas Grün an den Stielansätzen stehen lassen. Blumenkohl in kleine Röschen schneiden. Möhren und Blumenkohl nacheinander 4–5 Minuten in Salzwasser blanchieren und abschrecken. Die Gemüsezwiebeln quer in ca. 1/2 cm dicke Scheiben schneiden. Die Ringe einzeln auseinanderdrücken.

3. Das Öl in eine Friteuse füllen, auf 160 Grad erhitzen. Nacheinander die Möhren, Blumenkohl und Zwiebelringe mit 2 Gabeln im Teig wenden und portionsweise im Öl goldbraun ausbacken. Dann auf Küchenpapier abtropfen lassen und eventuell im Backofen auf dem Blech bei 70 Grad warm halten.

4. Den Quark mit Salz, Pfeffer und Zitronensaft verrühren. Die Zitronenmelisse hakken, den Schnittlauch in Röllchen schneiden und beides unter den Quark heben.

5. Gebackenes Gemüse auf dem Salat anrichten und mit Kräuter-Quark-Dip servieren.

Zubereitungszeit: 2 Stunden
Pro Portion 42 g E, 48 g F, 117 g KH = 1097 kcal (4590 kJ)

Auberginen-rouladen mit Schafskäse

Für 4 Portionen:
3 Auberginen (à 200 g)
Salz
2 Zwiebeln
1–2 Knoblauchzehen
85 g schwarze Oliven
12 El Olivenöl
1 Bund Basilikum
Pfeffer (a. d. Mühle)
500 g Tomatenpüree mit Stücken
Cayennepfeffer
1/2 Tl Zucker
100 g Schafskäse

1. Die Auberginen putzen und längs in ca. 5 mm dicke Scheiben schneiden. Mit Salz bestreuen und auf Küchenpapier legen. Die austretende Flüssigkeit abtupfen.

2. Inzwischen die Zwiebeln und den Knoblauch fein würfeln. Die Oliven vom Stein schneiden und fein hacken. Alles zusammen in 3 El Olivenöl andünsten. Basilikumblätter in Streifen schneiden und dazugeben. Mit Salz und Pfeffer würzen.

3. Die Auberginenscheiben im restlichen Olivenöl von jeder Seite kurz anbraten. Aus der Pfanne nehmen und jede Scheibe mit jeweils 1 Tl Olivenpaste bestreichen, zusammenrollen, mit Holzstäbchen feststecken und in eine ofenfeste Form legen.

4. Das Tomatenpüree mit Cayennepfeffer, Salz und Zucker würzen. Die Hälfte davon zwischen die Rouladen, die andere Hälfte über die Rouladen geben. Schafskäse in Würfel schneiden und darüber streuen.

5. Im vorgeheizten Backofen bei 200 Grad (Gas 3, Umluft 180 Grad) auf der 2. Einschubleiste von unten 25–30 Minuten backen, bis der Käse leicht gebräunt ist.

Zubereitungszeit: 1 Stunde, 10 Minuten
Pro Portion 10 g E, 42 g F, 20 g KH = 501 kcal (2099 kJ)

Brokkoli-Tarte

Für 12 Stücke:
125 g Mehl
70 g Butter oder Margarine
150 g Appenzeller (geraspelt)
1 Tl Zucker
Salz
1 Eigelb
500 g Brokkoli
1 Dose Tomaten (400 g EW)
200 g Schmand
1 Ei
Pfeffer (a.d. Mühle)
Muskatnuß (frisch gerieben)
1 El Paniermehl
Außerdem:
Hülsenfrüchte zum Blindbacken

1. Aus Mehl, Butter oder Margarine, 50 g Käse, Zucker, Salz und Eigelb mit dem Handrührer einen Mürbeteig kneten und 30 Minuten kalt stellen.

2. Inzwischen den Brokkoli waschen und in Röschen zerteilen. Die Stiele schälen und in Scheiben schneiden. Brokkoli in Salzwasser 3–4 Minuten kochen und abschrecken. Tomaten auf einem Sieb abtropfen lassen, grob würfeln.

3. Etwa ein Drittel des Teiges auf 24 cm Durchmesser ausrollen und in eine mit Backpapier ausgelegte Springform legen. Den Rest zu einer Rolle formen und zu einem Rand in der Form hochziehen. Mit Backpapier und Hülsenfrüchten belegen.

4. Im vorgeheizten Backofen bei 200 Grad (Gas 3, Umluft 15 Minuten bei 180 Grad) auf der 2. Einschubleiste von unten 10 Minuten backen. Das Papier und die Hülsenfrüchte entfernen.

5. Inzwischen den Schmand mit dem restlichen Käse und dem Ei verrühren, mit Salz, Pfeffer und Muskat würzen. Das Paniermehl auf den Teig streuen, das Gemüse darauf verteilen und mit Schmandmasse begießen.

6. Im vorgeheizten Backofen bei 200 Grad (Gas 3, Umluft 28–30 Minuten bei 180 Grad) auf der 2. Einschubleiste von unten 40 Minuten backen. Die Tarte weitere 10 Minuten auf dem Boden des Backofens backen.

Zubereitungszeit: 1 Stunde, 40 Minuten
Pro Stück 7 g E, 10 g F, 10 g KH = 208 kcal (879 kJ)

BROKKOLI

Das grüne Knospengemüse ist ein Verwandter des Blumenkohls und zählt zu den besonders gesunden Gemüsen: Er enthält nicht nur sehr viel Vitamin C und Karotin, die Vorstufe des Vitamin A, sondern auch Stoffe, die die Immunabwehr, speziell im Verdauungstrakt, stärken. Da Brokkoli nur frisch geerntet schmeckt, müssen die Röschen beim Kauf saftig grün aussehen.

Kürbiskraut mit Meerrettich

Für 4 Portionen:
1,3 kg Kürbis
250 g Schalotten
40 g frischer Meerrettich
800 g kleine Kartoffeln
Salz
40 g Zucker
1 El Rotweinessig
110 g Butter
6 El Tomatenmark
250 g Schmand
schwarzer Pfeffer
(a. d. Mühle)
1 Bund Dill

1. Den Kürbis dick schälen, die Kerne herausschaben und das Fruchtfleisch auf dem Gemüsehobel in feine Streifen schneiden. Schalotten pellen und fein würfeln. Meerrettich waschen und schälen. Kartoffeln schälen, waschen und in leicht gesalzenem Wasser in ca. 20 Minuten gar kochen. Dann in einem Sieb abtropfen lassen.

2. Zucker in einem breiten Topf goldbraun schmelzen lassen, mit Essig ablöschen, 60 g Butter dazugeben und einmal aufschäumen lassen.

3. Die Schalotten darin kurz andünsten, Kürbis dazugeben und ca. 3 Minuten andünsten. Erst Tomatenmark, dann den Schmand unterrühren, salzen, pfeffern und zugedeckt unter gelegentlichem Umrühren bei milder Hitze ca. 10 Minuten dünsten.

4. Kartoffeln in der restlichen Butter goldbraun braten, salzen und pfeffern. Den Dill bis auf einige Zweige fein schneiden, unter das Kürbiskraut mischen. Kürbiskraut mit den Kartoffeln auf vorgewärmten Tellern anrichten, den Meerrettich fein darüber reiben und mit Dill garnieren.

Zubereitungszeit: 1 Stunde
Pro Portion 9 g E, 36 g F, 52 g KH = 583 kcal (2437 kJ)

Marinierter Spargel mit Crème double und Löjrom

Für 4 Portionen:
1,3 kg Spargel
(weiß oder je zur Hälfte weiß und grün)
Salz
3–4 El Zitronensaft
Pfeffer (a. d. Mühle)
Zucker
100 ml Öl
4 Eier
3 Becher Crème double (à 150 g)
1 Bund glatte Petersilie (gehackt)
1 kleine Dose Löjrom (schwedischer Ukelei-Kaviar)
100 g Schalotten (fein gewürfelt)

1. Weißen Spargel ganz, grünen nur am unteren Ende schälen. 2 Minuten in kochendem Salzwasser blanchieren, abschrecken.

2. Aus Zitronensaft, Salz, Pfeffer, 1 Prise Zucker und Öl eine Vinaigrette rühren. Spargel in einer flachen Arbeitsschale damit begießen und 1 1/2 Stunden marinieren, dabei öfter wenden.

3. Die Eier 10 Minuten hart kochen. Eiweiß und Eigelb getrennt fein hacken, abgedeckt beiseite stellen. Crème double mit den Quirlen des Handrührers cremig aufschlagen.

4. Die Petersilie vorsichtig unter den Spargel mischen. Spargel auf eine große Platte legen. Rechts und links jeweils etwas Crème double und Löjrom geben. Eigelb, Eiweiß und Schalottenwürfel daneben verteilen. Mit Toast servieren.

Zubereitungszeit: 30 Minuten
(plus Zeit zum Marinieren)
Pro Portion 20 g E, 78 g F, 12 g KH = 846 kcal (3544 kJ)

Fenchelpizza mit Ziegenkäse

Für 4 Portionen:
600 g Fenchel
Salz
8 El Olivenöl
50 g getrocknete Tomaten in Öl
3 Knoblauchzehen
6 Sardellenfilets
1 Packung Pizzafertigteig (230 g, 32 cm Durchmesser)
200 g Ziegenkäse (z. B. Banon)
20 Rosmarinnadeln
schwarzer Pfeffer (a. d. Mühle)

1. Den Fenchel der Länge nach in 1/2 cm dicke Scheiben schneiden und 10 Minuten in wenig kochendem Salzwasser blanchieren, auf einem Küchentuch abtropfen lassen. Dann in 5 El Olivenöl bei starker Hitze auf jeder Seite goldbraun braten.

2. Von den getrockneten Tomaten 3 El Öl abnehmen, Tomaten in feine Streifen schneiden. Den Knoblauch pellen und in hauchdünne Scheiben schneiden. Sardellenfilets fein würfeln.

3. Pizzateig auf ein Backblech legen und den Teig mit einer Gabel gleichmäßig einstechen, dabei einen Rand von 1 cm lassen. Ziegenkäse grob zerbröseln und gleichmäßig auf dem Teig verteilen. Fenchel, Tomaten, Knoblauch und Sardellen darauf legen. Mit Tomatenöl beträufeln.

4. Im vorgeheizten Backofen bei 250 Grad (Gas 5, Umluft 8 Minuten bei 220 Grad) auf der 2. Einschubleiste von unten 12 Minuten goldbraun backen. Kurz vor Backende mit Rosmarin bestreuen.

5. Die Pizza vor dem Servieren mit dem restlichen Olivenöl beträufeln und mit Pfeffer bestreuen.

Zubereitungszeit: 1 Stunde
Pro Portion 17 g E, 48 g F, 38 g KH = 672 kcal (2811 kJ)

Möhrenrösti

Für 4 Portionen:
300 g Kartoffeln
400 g Möhren
1 Zwiebel)
2 El Mehl
3 Eier
Salz, Pfeffer (a. d. Mühle)
Muskatnuß (frisch gerieben)
6 El Öl
250 g Magerquark
5 El Crème fraîche
1 Bund Schnittlauch
(in Röllchen)

1. Die Kartoffeln schälen. Die Möhren putzen, beides nacheinander in der Küchenmaschine oder auf der Haushaltsreibe grob raspeln. 100 g Möhren beiseite legen. Die restlichen Möhren und die Kartoffeln mischen.

2. Die Zwiebel pellen und würfeln, mit Mehl und Eiern zu der Möhren-Kartoffel-Mischung geben. Mit Salz, Pfeffer und Muskatnuß würzen.

3. In dem Öl nacheinander 12 Röstis von jeder Seite 2–3 Minuten braten. Quark mit Crème fraîche, Schnittlauch, Salz und Pfeffer verrühren.

4. Die Röstis mit Quark und den restlichen Möhrenraspeln servieren.

Zubereitungszeit: 35 Minuten
Pro Portion 17 g E, 27 g F, 23 g KH = 419 kcal (1754 kJ)

Champignon-Zucchini-Auflauf

Für 4–6 Portionen:
35 g Butter oder Margarine
500 g Zwiebeln
1/2 Bund Thymian
Salz
6 Scheiben Vollkorntoastbrot
200 g Zucchini
2 Knoblauchzehen
2 El Zitronensaft
500 g große Champignons
80 g Emmentaler
4 Eigelb
1/8 l Schlagsahne
1/8 l Milch
1 Bund Schnittlauch

1. Eine rechteckige Auflaufform mit etwa 5 g Butter oder Margarine auspinseln. Die Zwiebeln pellen und würfeln, die Thymianblättchen abzupfen.

2. Zwiebeln im restlichen Fett in einer großen Pfanne glasig dünsten, mit Thymian und Salz würzen, mit etwa 6 El Wasser zugedeckt in 10–15 Minuten weichdünsten.

3. Toastbrot rösten und die Form damit auslegen. Zucchini waschen, putzen, längs halbieren und in 3 mm dicke Scheiben schneiden. Knoblauch pellen, in den Zitronensaft pressen. Zucchini mit Salz und der Knoblauchmischung würzen.

4. Zwiebeln auf dem Toast verteilen. Die Pilze abreiben, in Scheiben schneiden und salzen. Mit den Zucchini dachziegelartig auf die Zwiebeln legen. Käse grob raspeln und darüber streuen. Das Eigelb mit der Schlagsahne und der Milch verquirlen und über das Gemüse gießen.

5. Den Auflauf im vorgeheizten Backofen bei 200 Grad (Gas 3, Umluft 200 Grad, nach 15 Minuten mit Alufolie abdecken) auf der 2. Einschubleiste von unten 25 Minuten backen, dann weitere 5 Minuten (auch bei Umluft) direkt auf den Backofenboden stellen.

6. Auflauf aus dem Ofen nehmen, 5 Minuten ruhenlassen. Den Schnittlauch in Röllchen schneiden, darüber streuen.

Zubereitungszeit: 1 3/4 Stunden
Pro Portion (bei 6 Portionen)
13 g E, 22 g F, 20 g KH =
340 kcal (1420 kJ)

Spinat-Fontina-Omelett

Für 4–6 Portionen:
500 g Tomaten
200 g Fontina
(ersatzweise junger Gouda)
1 Bund Basilikum
1 kg grober, dunkler Blattspinat
60 g Maisgrieß
Salz
weißer Pfeffer (a. d. Mühle)
3 Knoblauchzehen (durchgepreßt)
6 Eier (Gew.-Kl. 2)
250 ml Schlagsahne
100 ml Milch
2 Scheiben Weizentoastbrot
50 g Butter

1. Tomaten mit kochendem Wasser überbrühen, herausnehmen, häuten, vierteln und entkernen. Fontina entrinden und in 1 cm große Würfel schneiden. Basilikumblätter in feine Streifen schneiden.

2. Spinat putzen, waschen, tropfnaß bei mittlerer Hitze im geschlossenen Topf 5 Minuten dünsten. In einem Sieb abtropfen lassen und portionsweise gut ausdrücken.

3. Spinat, Tomaten, Fontina, Basilikum und Maisgrieß mischen, mit Salz, Pfeffer und 1 Knoblauchzehe würzen. Das Gemisch in einer flachen Auflaufform (20 cm Durchmesser) verteilen.

4. Eier, Sahne und Milch verquirlen, leicht mit Salz und Pfeffer würzen und gleichmäßig über das Spinatgemisch gießen.

5. Toastbrot würfeln und im Mixer fein zerkrümeln. Brösel mit restlichem Knoblauch mischen und auf dem Omelett verteilen. Die Butter zerlassen und über die Brösel träufeln.

6. Im vorgeheizten Backofen bei 200 Grad (Gas 3, Umluft 35 Minuten bei 180 Grad) auf der 2. Einschubleiste von unten 40 Minuten backen, sofort servieren.

Zubereitungszeit: 1 1/4 Stunden
Pro Portion (bei 6 Portionen)
24 g E, 38 g F, 18 g KH =
530 kcal (2222 kJ)

Auberginen mit Roquefort

Für 1 Portion:
1 Aubergine (ca. 250 g)
Salz
1 Zwiebel
2 Scheiben Toastbrot
2 El Pinienkerne
3 El Olivenöl
1 El Basilikum (gehackt)
1 Tl Tomatenmark
Pfeffer (a. d. Mühle)
50 g Roquefort (gewürfelt)

1. Aubergine im ganzen in Salzwasser 10 Minuten vorkochen. Zwiebel pellen. Zwiebel und Brot würfeln, mit den Pinienkernen in 2 El Olivenöl anrösten.

2. Die Aubergine halbieren und aushöhlen. Das Innere würfeln und zum Brotgemisch geben. Basilikum, Tomatenmark, Pfeffer und Roquefort dazugeben, untermischen.

3. Die Masse in die Auberginenhälften füllen und mit restlichem Olivenöl beträufeln. Auberginen im vorgeheizten Backofen bei 200 Grad (Gas 3, Umluft 200 Grad) auf der 2. Einschubleiste von unten 15 Minuten backen.

Zubereitungszeit: 30 Minuten
Insgesamt 23 g E, 58 g F, 37 g KH = 780 kcal (3264 kJ)

AUBERGINEN

Die glänzend violetten Auberginen haben nur ein leichtes, nussiges Aroma, so daß sie in Kombination mit anderen Zutaten am besten schmecken. Dies können sein: Zucchini, Tomaten, Paprika, Pilze, Knoblauch, Chilischoten, Pinienkerne, kräftige Gewürze oder Kräuter. Häufig werden Auberginen in Scheiben geschnitten und gebraten oder fritiert. Damit das schwammige Fruchtfleisch nicht so viel Fett aufsaugt, bestreut man die Scheiben vor dem Braten mit Salz und läßt sie kurz Wasser ziehen. Die ausgetretene Flüssigkeit mit Küchenpapier abtupfen.

Rote Bete mit Birnen

Für 4 Portionen:
1 Gemüsezwiebel (350 g)
1 El Zucker
50 g Butter oder Margarine
5 g frischer Ingwer (in Scheiben)
1/2 El Wacholderbeeren
1/2 El Senfkörner
2–3 Lorbeerblätter
1 große Birne
Salz
Pfeffer (a. d. Mühle)
1 Glas Rote-Bete-Kugeln (350 g EW)
2 El dunkles Saucenbindemittel
1/2 Bund glatte Petersilie

1. Zwiebel pellen und würfeln. Zucker in 30 g Butter oder Margarine schmelzen. Ingwer, Wacholder, Senfkörner und Lorbeer darin andünsten, dann die Zwiebel 5 Minuten mitdünsten.

2. Die Birne schälen, vierteln, entkernen, in Spalten schneiden und untermischen. Mit Salz und Pfeffer würzen, zugedeckt bei schwacher Hitze 5 Minuten dünsten.

3. Die rote Bete abtropfen lassen, Saft mit dem Saucenbindemittel aufkochen. Restliche Butter oder Margarine in Stückchen unterschlagen. Rote Bete darin erhitzen, mit Salz und Pfeffer würzen. Zu den Birnen geben, kurz durchziehen lassen und mit Petersilie garniert servieren.

Zubereitungszeit: 30 Minuten
Pro Portion 2 g E, 12 g F, 22 g KH = 203 kcal (848 kJ)

Austernpilze mit Sauerampfersauce

Für 4 Portionen:
750 g Austernpilze
4 El Öl
Salz
Pfeffer (a. d. Mühle)
100 g Crème fraîche
75 g Magermilchjoghurt
1 El Zitronensaft
1 Prise Zucker
Cayennepfeffer
75 g Sauerampfer

1. Die Pilze halbieren und in 2 Portionen in jeweils 2 El Öl kräftig braun braten, mit Salz und Pfeffer würzen.

2. Crème fraîche, Joghurt, Zitronensaft, Salz, Zucker und Cayennepfeffer verrühren.

3. Sauerampfer in feine Streifen schneiden, einige zur Dekoration zurückbehalten. Übrige Streifen unter die Crème-fraîche-Mischung rühren.

4. Pilze mit der Sauerampfersauce servieren, mit dem restlichen Sauerampfer garnieren. Dazu passen Pellkartoffeln.

Zubereitungszeit: 20 Minuten
Pro Portion 5 g E, 18 g F, 9 g KH = 225 kcal (939 kJ)

Sauerampfer
Den Sauerampfer für die Sauce und zum Garnieren in feine Streifen schneiden. Das herb-frische, säuerliche Küchenkraut wirkt blutreinigend, appetitanregend und ist reich an Vitamin C.

Blumenkohlauflauf

Für 4 Portionen:
1 Blumenkohl (ca. 750 g)
500 g Kartoffeln
Salz
30 g Mehl
30 g Butter oder Margarine
1/4 l Gemüsebrühe
1/4 l Milch
200 g Sahneschmelzkäse
Pfeffer (a. d. Mühle)
Muskatnuß (frisch gerieben)
Fett für die Form
2 Scheiben Gouda (à 40 g)
einige Kerbelzweige

1. Den Blumenkohl putzen und in Röschen teilen. Die Kartoffeln schälen und in Scheiben schneiden. Beides in kochendem Salzwasser 5 Minuten blanchieren.

2. Das Mehl in der Butter oder Margarine anschwitzen. Mit Brühe und Milch ablöschen und unter Rühren 5 Minuten kochen. Den Schmelzkäse einrühren.

3. Die Sauce mit Salz, Pfeffer und Muskat würzen. Eine Auflaufform ausfetten und Kartoffelscheiben und Blumenkohl hineinfüllen. Die Sauce darüber gießen und mit den Käsescheiben belegen.

4. Im vorgeheizten Backofen bei 200 Grad (Gas 3, Umluft 15 Minuten bei 200 Grad) auf der 2. Einschubleiste von unten 20–25 Minuten überbacken. Mit Kerbelblättchen garnieren.

Zubereitungszeit: 50 Minuten
Pro Portion 20 g E, 32 g F, 30 g KH = 484 kcal (2024 kJ)

Gefüllter Kürbis mit roten Linsen

Für 6–8 Portionen:
1 kleiner Kürbis (ca. 2 kg)
Salz
20 g milde Pfefferschoten
10 g frischer Ingwer
4 Knoblauchzehen
1 unbehandelte Orange
2 El Koriandergrün
1–2 El Currypulver (mild)
100 g getrocknete Aprikosen
250 g Zwiebeln
6 El Öl
250 g rote Linsen
6 Eier
250 ml Schlagsahne

1. Vom Kürbis einen flachen Deckel abschneiden, den Stielansatz ringförmig ausstechen. Den Kürbis mit Küchenmesser und Löffel aushöhlen, dabei einen Rand von 2 cm stehen lassen. Das wattige Fleisch und Kerne entfernen. Kürbis mit Salz ausstreuen, umgedreht abtropfen lassen.

2. Für die Gewürzmischung Pfefferschoten, Ingwer und Knoblauch putzen und grob hacken. Die Hälfte der Orange dünn abschälen, die Schale in Streifen schneiden. Koriander abzupfen. Alles vermengen, sehr fein hacken, mit dem Currypulver mischen.

3. Kürbisfleisch (ca. 350 g), Aprikosen und Zwiebeln würfeln. Alles im Öl bei milder Hitze unter Rühren 5 Minuten glasig dünsten. Gewürzmischung unterrühren, kurz anschwitzen. Linsen untermischen. Orange auspressen, den Saft dazugießen, salzen, von der Herdplatte ziehen.

4. Den Kürbis von innen trockenreiben, die Füllung (bis auf 4 El) locker hineingeben. Eier und Sahne verquirlen, salzen und langsam über die Füllung gießen. Kürbis mit seinem Deckel zudecken, in eine flache ofenfeste Form setzen.

5. Kürbis im vorgeheizten Backofen bei 175 Grad (Gas 2, Umluft 1 1/2 Stunden bei 150 Grad) auf der 2. Einschubleiste von unten 1 3/4 Stunden backen. Den Deckel abnehmen, den Rest Füllung auf der Oberfläche verteilen. Im ausgeschalteten Ofen weitere 15 Minuten nachziehen lassen, in der Form servieren.

Zubereitungszeit: 3 1/4 Stunden
Pro Portion (bei 8 Portionen)
16 g E, 23 g F, 30 g KH =
402 kcal (1683 kJ)

KÜRBIS

Ob groß oder klein, gelb oder orange, glatt oder gerippt, Kürbisse wirken entwässernd, haben kaum Kalorien und sind reich an Eisen und Karotin. Wegen ihres milden Geschmacks lassen sich Kürbisse sowohl herzhaft als auch süß zubereiten, zum Beispiel in Suppen, Konfitüren oder Broten. Reif ist das Fruchtgemüse, wenn es beim Anklopfen mit den Fingern klingt. Zur Zubereitung müssen immer die harte Schale und der innere weiche Teil, der die Kerne enthält, entfernt werden.

Vorsicht beim Füllen

Der Kürbis im Rezept rechts darf nicht bis an den Rand gefüllt werden, da er sonst eventuell platzt oder die Eiersahne überläuft. Sollte Ihr Kürbis eher klein ausfallen, nehmen Sie statt 6 Eiern nur 5 und entsprechend weniger Sahne.

Fenchel-Möhren-Gemüse

Für 4 Portionen:
500 g Möhren
700 g Fenchel
30 g Haferflocken
30 g Butter oder Margarine
100 ml Gemüsebrühe
125 g Mungosprossen
(a. d. Reformhaus)
30 g Gruyère-Käse
100 ml Schlagsahne
Salz
Pfeffer (a. d. Mühle)

1. Die Möhren putzen und schräg in Scheiben schneiden. Den Fenchel putzen, abspülen, das Fenchelgrün beiseite legen. Die Knollen längs halbieren, den Strunk entfernen und die Hälften quer in halbe Ringe schneiden.

2. Die Haferflocken in der zerlassenen Butter oder Margarine anrösten. Die Möhren und den Fenchel dazugeben, andünsten und mit Brühe auffüllen, das Gemüse zugedeckt bei mittlerer Hitze 10 Minuten dünsten.

3. Inzwischen die Mungosprossen in kochendes Wasser geben, einmal aufkochen, abgießen und abschrecken. Den Käse auf der feinen Seite der Haushaltsreibe raspeln.

4. Die Sahne zum Gemüse geben, mit Salz und Pfeffer würzen. Das Gemüse portionsweise anrichten und mit Sprossen, Käse und Fenchelgrün bestreuen. Dazu passen Spiegeleier.

Zubereitungszeit: 55 Minuten
Pro Portion 10 g E, 18 g F, 25 g KH = 311 kcal (1300 kJ)

KARTOFFELN

Richtige Kraftpakete sind sie, gefüllt mit Stärke, viel Vitamin C und Kalium. Und daß sich der schmackhafte Schlankmacher vielseitiger zubereiten läßt als nur zu Salz- oder Bratkartoffeln, zeigen diese elf pikanten Kartoffel-Variationen

Kartoffel-Mangold-Topf

Für 4 Portionen:
500 g Kartoffeln (festkochende Sorte)
2 Knoblauchzehen
1 rote Chilischote
1 Mangoldstaude (1 kg)
20 g Krebspaste
200 ml Schlagsahne
2 El Crème fraîche
abgeriebene Schale einer unbehandelten Zitrone
1 El Zitronensaft
Salz, Pfeffer (a. d. Mühle)
Zucker

1. Kartoffeln schälen und längs vierteln, Knoblauch pellen und fein würfeln. Chilischote längs halbieren, entkernen und fein würfeln. Mangold putzen und waschen. Die Stiele in ca. 3 cm lange Stücke schneiden. Die Blätter in feine Streifen schneiden.

2. Die Krebspaste in einem Topf erhitzen. Kartoffeln, Knoblauch, Chilischote und Mangoldstiele darin andünsten. Sahne und Crème fraîche dazugeben, aufkochen und zugedeckt bei milder Hitze 15 Minuten garen.

3. Die Mangoldblätter dazugeben und weitere 8 Minuten zugedeckt bei milder Hitze garen. Dann mit Zitronenschale, Zitronensaft, Salz, Pfeffer und 1 Prise Zucker würzen und sofort servieren.

Zubereitungszeit: 45 Minuten
Pro Portion 8 g E, 24 g F, 24 g KH = 348 kcal (1457 kJ)

Ein Gemüse – zwei Garzeiten
Die robusten, weißen Mangoldstiele und die großen, dunkelgrünen Mangoldblätter haben unterschiedliche Garzeiten. Zuerst werden die Stiele gegart und dann einige Minuten später die Blätter dazugegeben.

Gefüllte Kartoffeln

Für 4 Portionen:
12 Kartoffeln (mittelgroß, ca. 1 kg)
10 g getrocknete Steinpilze
3/8 l Gemüsebrühe
300 g Champignons
1 Bund Petersilie
1 Bund Majoran
1 Zwiebel
3 El Öl
2 El Semmelbrösel
1 Ei
Salz
Pfeffer (a. d. Mühle)
100 g Crème fraîche

1. Kartoffeln schälen, an einem Ende flachschneiden, damit sie stehen können. Am anderen Ende eine Kappe abschneiden.

2. Steinpilze in 1/8 l Gemüsebrühe einweichen. Champignons putzen und fein hakken, Petersilie (einige Blätter beiseite legen) und Majoran ebenfalls fein hacken. Zwiebel pellen und fein würfeln.

3. Zwiebel im Öl andünsten. Die Champignons dazugeben und so lange braten, bis die Flüssigkeit vollständig verdampft ist. Steinpilze abtropfen lassen, Brühe auffangen. Steinpilze zu den Champignons geben und kurz mitbraten. Pfanne von der Herdplatte nehmen, Kräuter, Semmelbrösel und verquirltes Ei unterziehen, mit Salz und Pfeffer würzen.

4. Kartoffeln mit einem Kugelausstecher aushöhlen, das Innere zur Seite legen. Die Pilzfarce in die Kartoffeln füllen, mit dem Deckel verschließen.

5. Kartoffeln nebeneinander in einen Topf setzen, die Hälfte der ausgestochenen Kartoffelkugeln dazugeben, mit der Pilzbrühe und der restlichen Gemüsebrühe umgießen. Im geschlossenen Topf 20–30 Minuten kochen.

6. Kartoffeln aus dem Topf nehmen, warm halten. Den Kochfond pürieren, mit der Crème fraîche verrühren, salzen und pfeffern. Die Sauce mit den Kartoffeln servieren. Mit den restlichen Petersilienblättern garnieren.

Zubereitungszeit: 1 1/4 Stunden
Pro Portion 10 g E, 17 g F, 34 g KH = 332 kcal (1391 kJ)

Reibekuchen mit pochiertem Ei

Für 4 Portionen:
125 g Crème fraîche
Salz
weißer Pfeffer (a. d. Mühle)
1 El Zitronensaft
400 g Kartoffeln
1 Zwiebel (50 g)
5 Eier (sehr frisch)
60 g Butterschmalz
3 El Weinessig
Kaviar (ca. 30 g)
Kerbel zum Dekorieren

1. Crème fraîche mit Salz, Pfeffer und Zitronensaft herzhaft würzen und kalt stellen.

2. Die Kartoffeln schälen, auf der Haushaltsreibe fein reiben, in ein Sieb geben und gut ausdrücken. Die Zwiebel pellen und ebenfalls auf der Haushaltsreibe fein reiben, mit den Kartoffeln und 1 Ei mischen. Den Kartoffelteig mit Salz und Pfeffer würzen.

3. Aus der halben Menge Teig 4 Reibekuchen (7 cm Durchmesser) formen. 30 g Butterschmalz in einer großen Pfanne sehr stark erhitzen. Die Reibekuchen darin auf jeder Seite in etwa 4 Minuten knusprig braun backen. Den Vorgang mit dem restlichen Kartoffelteig wiederholen. Die fertigen Kartoffelpuffer warm halten.

4. Inzwischen 1 1/2 l Wasser in einem breiten Topf mit dem Essig zum Kochen bringen. Die restlichen Eier einzeln in eine Tasse schlagen und in das kochende Essigwasser gleiten lassen. Die Hitze herunterschalten, damit das Wasser nicht mehr kocht. Eier vorsichtig mit der Schaumkelle wenden, sobald das Eiweiß stockt. Die Eier 6–8 Minuten pochieren.

5. Zum Servieren je 2 Reibekuchen auf einen Teller geben. Die Eier mit der Schaumkelle herausheben, gut abtropfen lassen, neben die Reibekuchen legen und den Kaviar darauf setzen. Die gewürzte Crème fraîche daneben anrichten und mit etwas Kerbel dekorieren.

Zubereitungszeit: 1 Stunde
Pro Portion 13 g E, 33 g F, 16 g KH = 418 kcal (1752 kJ)

Kartoffelgratin

Für 4–6 Portionen:
1 kg mehlige Kartoffeln
1/2 l Milch
Salz
Pfeffer (a. d. Mühle)
Muskatnuß (frisch gerieben)
1 Knoblauchzehe
30 g Butter oder Margarine
30 g Semmelbrösel

1. Kartoffeln schälen und waschen, in dünne Scheiben schneiden. Mit Milch, Salz, Pfeffer und Muskat in einem Topf aufkochen lassen, sofort von der Herdplatte nehmen. (Durch das Aufkochen wird die Kartoffelstärke gebunden. Das macht den Gratin besonders cremig.)

2. Eine Gratinform (ca. 1 l Inhalt) mit einer halbierten Knoblauchzehe ausreiben und dünn mit Butter oder Margarine einfetten. Die Kartoffeln gleichmäßig darin verteilen. Den Gratin im vorgeheizten Backofen bei 150 Grad (Gas 1, Umluft nicht empfehlenswert) auf der 2. Einschubleiste von unten 1 1/2 Stunden backen.

3. Gratin aus dem Ofen nehmen und mit den Semmelbröseln bestreuen. Restliche Butter oder Margarine in kleinen Flöckchen darüber verteilen. Unter dem vorgeheizten Grill goldbraun überbacken.

Zubereitungszeit: 2 Stunden
Pro Portion (bei 6 Portionen)
6 g E, 7 g F, 28 g KH = 203 kcal (851 kJ)

Petersilien-Gnocchi mit Petersilienbutter

Für 4 Portionen:
500 g Kartoffeln, Salz
8 Bund glatte Petersilie
1 Zwiebel (50 g)
1 Knoblauchzehe
130 g Butter
1 Ei (Gew.-Kl. 2)
75 g Mehl und
Mehl zum Bestäuben
75 g Weizengrieß
Pfeffer (a. d. Mühle)
Muskatnuß (frisch gerieben)
60 g Parmesan (im Stück)

1. Kartoffeln waschen und in reichlich Salzwasser kochen, abgießen und pellen. Die Kartoffeln durch die Presse drücken, dann durch ein Sieb streichen, abkühlen lassen.

2. Während die Kartoffeln kochen, die Petersilie waschen, gut abtropfen lassen und die Blätter von den Stielen zupfen. Ein Drittel davon fein hacken und zugedeckt beiseite stellen.

3. Zwiebel und Knoblauch pellen. Zwiebel fein würfeln, Knoblauch durchpressen.

4. 30 g Butter erhitzen. Zwiebel und Knoblauch darin andünsten. Petersilienblätter dazugeben und zugedeckt 3–4 Minuten dünsten, dann mit dem Schneidstab des Handrührers fein pürieren.

5. Petersilienpüree, Ei, Mehl und Grieß unter die Kartoffelmasse rühren, mit Salz, Pfeffer und Muskat würzen. Teig gut verkneten, auf der bemehlten Arbeitsfläche 3 Rollen (3 cm Durchmesser) daraus formen. Die Rollen mit Mehl bestäuben, in 1/2 cm dicke Scheiben schneiden.

6. Aus den Scheiben Gnocchi formen: Teigstücke einzeln quer auf eine Gabel legen, mit dem Finger eindrücken und etwas einrollen, damit die typische, muschelförmige Gnocchiform entsteht. Fertige Gnocchi auf ein bemehltes Handtuch legen.

7. Reichlich Salzwasser aufkochen. Die Gnocchi portionsweise darin jeweils 3–4 Minuten ziehen lassen, mit der Schaumkelle herausheben und abtropfen lassen. Parmesan grob raspeln.

8. Die restliche Butter erhitzen, die gehackte Petersilie darin aufschäumen lassen.

9. Die Gnocchi auf vorgewärmten Tellern anrichten, mit der Petersilienbutter übergießen und mit einigen Parmesanraspeln bestreuen. Den restlichen Parmesan getrennt dazu reichen.

Zubereitungszeit: 1 1/2 Stunden
Pro Portion 15 g E, 33 g F, 46 g KH = 556 kcal (2326 kJ)

Kartoffelschnitzel

Für 4 Portionen:
500 g Kartoffeln
150 g Crème fraîche
1 Ei
Salz
Pfeffer (a. d. Mühle)
Muskatnuß (frisch gerieben)
70 g Semmelbrösel
3 El Öl
1/2 Bund Schnittlauch
2 El Schlagsahne

1. Kartoffeln in der Schale kochen, pellen und auf der groben Seite der Haushaltsreibe raspeln. Die Kartoffelraspel mit 2 El Crème fraîche und dem Ei verrühren, mit Salz, Pfeffer und Muskat würzen.

2. Aus der Masse 12 kleine Schnitzel formen. Die Schnitzel in Semmelbröseln wenden und dann portionsweise in dem Öl etwa 3 Minuten pro Seite goldbraun braten. Warm halten.

3. Schnittlauch in Röllchen schneiden. Restliche Crème fraîche mit der Schlagsahne verrühren und die Hälfte der Schnittlauchröllchen unterziehen. Die Kartoffelschnitzel mit der Sahnemischung und restlichem Schnittlauch servieren.

Zubereitungszeit: 1 Stunde, 10 Minuten
Pro Portion 7 g E, 22 g F, 28 g KH = 342 kcal (1433 kJ)

Gebackene Kartoffeln mit Champignonragout

Für 4 Portionen:
4 große Kartoffeln (je 200 g)
Salz
750 g Champignons
2 Zwiebeln (100 g)
30 g Butterschmalz
200 g Crème fraîche
Pfeffer (a. d. Mühle)
1–2 El helles Saucenbindemittel
1 Beet Kresse
Außerdem:
Alufolie

1. Kartoffeln waschen und in Salzwasser 10 Minuten vorkochen. Die Kartoffeln abgießen, einzeln in Alufolie wickeln und im vorgeheizten Backofen bei 225 Grad (Gas 4, Umluft 225 Grad) 20 Minuten backen.

2. Champignons waschen, putzen und vierteln. Zwiebeln pellen und fein würfeln, dann in dem heißen Butterschmalz glasig dünsten. Champignons dazugeben und so lange weiterbraten, bis die Flüssigkeit vollständig verdampft ist.

3. Crème fraîche dazugeben und unterrühren, zum Kochen bringen, mit Salz und Pfeffer würzen. Saucenbindemittel einstreuen und nochmals aufkochen lassen.

4. Kartoffeln kreuzweise einschneiden, auseinanderdrükken und mit dem Champignonragout füllen. Die Kresse vom Beet schneiden und darüber streuen.

Zubereitungszeit: 50 Minuten
Pro Portion 10 g E, 23 g F, 32 g KH = 377 kcal (1581 kJ)

Kartoffelpizza

Für 20 Stück:
1,5 kg Kartoffeln (mehligkochend)
Salz
1 Ei
1 El Speisestärke
10 El Olivenöl
2 Tl Rosmarinnadeln (gehackt)
750 g Fleischtomaten
300 g milder Schafskäse
100 g schwarze Oliven (entsteint und geviertelt)
6 Stiele Oregano (gehackt)
80 g Parmesan (frisch gerieben)
Pfeffer (a. d. Mühle)

1. Kartoffeln in der Schale kochen, pellen und durch die Kartoffelpresse drücken. Mit Salz, Ei und Speisestärke verkneten. Das Backblech mit 2 El Olivenöl bestreichen und mit Rosmarinnadeln bestreuen. Die Kartoffelmasse auf dem Backblech gleichmäßig auseinanderdrücken.

2. Den Kartoffelboden im vorgeheizten Backofen bei 225 Grad (Gas 4, Umluft 200 Grad) auf der 2. Einschubleiste von unten 20 Minuten backen. Tomaten waschen und in Scheiben schneiden.

3. Das Backblech herausnehmen, den Boden mit Tomatenscheiben belegen. Schafskäse zerbröckeln und mit Oliven, Oregano und Parmesan über den Tomaten verteilen. Restliches Olivenöl darüber träufeln, mit Pfeffer würzen.

4. Die Pizza bei gleicher Temperatur weitere 25–30 Minuten im Ofen backen.

Zubereitungszeit: 1 1/2 Stunden
Pro Stück 6 g E, 11 g F, 15 g KH = 182 kcal (756 kJ)

Kartoffel-Möhren-Auflauf

Für 4 Portionen:
500 g Möhren
400 g Kartoffeln (mehligkochend)
120 g Emmentaler
1 Topf Basilikum
1 kleine Knoblauchzehe
2 Eigelb
350 ml Schlagsahne
Salz
Fett für die Form

1. Die Möhren und Kartoffeln schälen. Beides in dünne Scheiben schneiden. Käse fein raspeln. Basilikumblättchen abzupfen, einige beiseite legen, restliche Blättchen in feine Streifen schneiden.

2. Die Knoblauchzehe pellen, fein hacken und mit dem Eigelb, der Sahne und 1 Prise Salz verrühren.

3. Eine flache, ausreichend große Form ausfetten (der Auflauf soll etwa 2–3 Schichten hoch sein). Möhren- und Kartoffelscheiben schichtweise hineingeben und jeweils mit etwas Salz, Basilikum und Käse bestreuen. Zum Schluß mit Käse bestreuen und mit der Eiersahne begießen.

4. Auflauf im vorgeheizten Backofen bei 200 Grad (Gas 3, Umluft 180 Grad) auf der 2. Einschubleiste von unten 30–35 Minuten backen. Mit den restlichen Basilikumblättchen garniert servieren.

Zubereitungszeit: 1 Stunde
Pro Portion 16 g E, 42 g F, 21 g KH = 539 kcal (2259 kJ)

Kartoffeln vom Blech

Für 4 Portionen:
700 g kleine Kartoffeln
Salz
100 g Butter oder Margarine
30 g Haselnußblättchen
30 g Mohn (gemahlen)
20 g Sesamsaat
grober Pfeffer (schwarz)

1. Kartoffeln gut mit einer Bürste waschen und in Salzwasser 10–15 Minuten kochen. Abgießen, abschrecken und die Kartoffeln der Länge nach halbieren. Die Oberseiten der Kartoffeln einritzen. Butter oder Margarine zerlassen, die Kartoffeln damit einpinseln.

2. Ein Backblech mit der restlichen Butter oder Margarine bestreichen. Dann je einen Streifen Haselnußblättchen, gemahlenen Mohn, Sesamsaat und groben Pfeffer auf das Backblech streuen.

3. Kartoffeln mit der Schnittfläche nach unten auf das Blech setzen. Im vorgeheizten Backofen bei 200 Grad (Gas 3, Umluft 25 Minuten bei 175 Grad) auf der 2. Einschubleiste von unten 25 Minuten backen. Dazu paßt gemischter Salat.

Zubereitungszeit: 1 Stunde, 10 Minuten
Pro Portion 7 g E, 31 g F, 23 g KH = 408 kcal (1711 kJ)

KARTOFFELN

Ob Kartoffelpüree cremig und Bratkartoffeln knusprig werden, hängt größtenteils von der Kartoffelsorte ab. Über 130 verschiedene Arten sind bei uns zugelassen. Da jedoch nur die wenigsten überregional angebaut werden, gilt es, seine Lieblingssorte auf dem heimischen Markt auszuwählen. Beim Kauf sollte nicht allein der Geschmack, sondern auch die Kocheigenschaften berücksichtigt werden. Kartoffeln werden in drei Kochtypen eingeteilt. Festkochende Sorten bleiben auch nach längerem Kochen fest. Sie eignen sich für Salate, Brat- und als Salzkartoffeln. Mehligkochende Sorten werden durchs Kochen weich und zerfallen. Sie sind ideal für Püree und Knödel. Vorwiegend festkochende Sorten nehmen zwischen beiden eine Mittelstellung ein. Man kann sie notfalls für alles verwenden. Wer wenig Kartoffeln ißt, sollte ihnen den Vorzug geben.

Kartoffelpfanne mit Ei

Für 4 Portionen:
600 g Kartoffeln
400 g Möhren
30 g Kräuterbutter (Fertigprodukt)
300 g TK-Bohnen
150 ml Gemüsefond (a. d. Glas)
4 Eier
1 Bund Dill
Salz
Pfeffer (a. d. Mühle)

1. Die Kartoffeln schälen und in Spalten schneiden. Die Möhren putzen und in breite Stifte schneiden.

2. Zuerst die Kartoffeln in der Kräuterbutter 5 Minuten rundherum anbraten, dann die Möhren zu den Kartoffeln in die Pfanne geben und kurz mitbraten. Die Bohnen unaufgetaut unterrühren und den Fond dazugießen, das Gemüse aufkochen lassen und zugedeckt bei mittlerer Hitze 15 Minuten dünsten.

3. Inzwischen die Eier in 6–7 Minuten wachsweich kochen, abschrecken, pellen und halbieren.

4. Dill von den Stielen zupfen und hacken. Das Kartoffelgemüse mit Salz und Pfeffer kräftig abschmecken und den gehackten Dill bis auf 2 El unterrühren.

5. Das Gemüse auf Portionstellern anrichten, mit dem restlichen Dill bestreuen und mit je 2 Eihälften belegen. Dazu paßt Senf-Crème-fraîche: Crème fraîche mit körnigem Senf, Salz, Pfeffer und Zucker verschlagen.

Zubereitungszeit: 30 Minuten
Pro Portion 16 g E, 13 g F, 32 g KH = 321 kcal (1349 kJ)

HÜLSENFRÜCHTE

Linsen, Bohnen und Erbsen galten lange Zeit als Dickmacher und wurden – außer in Suppen – nur selten verwendet. Daß sich jedoch phantasievolle Gerichte mit den äußerst gesunden roten Linsen, Kichererbsen und Sojabohnen zubereiten lassen, beweisen das Möhrencurry, die Kichererbsen-Tarte oder die Tofu-Bällchen

Möhrencurry mit roten Linsen

Für 4 Portionen:
150 g Zwiebeln
1 rote Chilischote
1 kg kleine Bundmöhren (700 g, ohne Grün)
40 g Butter
1 gestrichener Tl Zucker
40 g Rosinen
2 gestrichene Tl Currypulver (mild)
500 ml Möhrensaft
60 g rote Linsen
50 g ungeschälte Mandeln
1 kleines Bund Petersilie
1 Tl Zitronensaft
Salz
1 Stiel Koriandergrün

1. Die Zwiebeln pellen und in Spalten schneiden. Die Chilischote putzen und fein würfeln. Die Möhren waschen, putzen und längs halbieren.

2. Die Butter in einem Topf aufschäumen lassen. Zwiebeln, Chili und Möhren mit dem Zucker andünsten, die Rosinen dazugeben. Currypulver zügig unterrühren, mit dem Möhrensaft aufgießen. Alles zum Kochen bringen, die Linsen untermischen und bei mittlerer Hitze ca. 15 Minuten zugedeckt garen.

3. Die Mandeln in einer Pfanne ohne Fett unter Wenden rösten, anschließend grob hacken. Petersilie abzupfen und fein hacken.

4. Das Möhrencurry mit Zitronensaft und eventuell etwas Salz würzen. Die Mandeln und die Petersilie untermischen. Das Koriandergrün darauf verteilen.

Zubereitungszeit: 45 Minuten
Pro Portion 9 g E, 16 g F, 33 g KH = 315 kcal (1316 kJ)

Kichererbsen-Tarte mit Raukesalat

Für 4–6 Portionen:
Tarte
1 Dose Kichererbsen (560 g EW)
1/8 l Schlagsahne
2 Eier
2 Eigelb
Salz
1 Msp. Kreuzkümmel (gemahlen)
1 Knoblauchzehe
2 Bund glatte Petersilie
1 El Koriandergrün
150 g Schafskäse
30 g Parmesan (im Stück)
Salat
50 g Kichererbsen-Keimlinge (a. d. Reformhaus)
1 Bund Rauke
1 Bund Radieschen
2 rote Zwiebeln
100 g schwarze Oliven
5 El Öl
3 El Olivenöl
4–5 El Weißweinessig
Salz, Pfeffer (a. d. Mühle)

1. Für die Tarte die Kichererbsen abspülen und abtropfen lassen. Etwa drei Viertel mit Sahne, Eiern und Eigelb mischen und mit dem Schneidstab des Handrührers pürieren. Mit Salz, Kreuzkümmel und durchgepreßtem Knoblauch würzen.

2. Petersilie und Koriandergrün fein hacken. Schafskäse grob raspeln, Parmesan reiben. Die Kräuter, den Parmesan und die Hälfte Schafskäse unter das Püree mischen.

3. Eine Tarteform (24 cm Durchmesser) mit Backpapier auslegen, so daß das Papier am Rand hochsteht. Die Masse einfüllen und glattstreichen. Die restlichen Kichererbsen darauf verteilen und leicht eindrücken.

4. Die Tarte im vorgeheizten Backofen bei 200 Grad (Gas 3, Umluft 200 Grad) auf der 2. Einschubleiste von unten 30 Minuten backen. Etwas abkühlen lassen, aus der Form nehmen und das Papier entfernen.

5. Für den Salat die Kichererbsen-Keimlinge 4–5 Minuten in Wasser blanchieren und abtropfen lassen. Rauke und Radieschen waschen und putzen, die Rauke zerzupfen, die Radieschen in dünne Scheiben schneiden. Zwiebeln pellen und in Ringe schneiden. Das Olivenfleisch vom Stein schneiden.

6. Aus Öl, Olivenöl, Essig, Salz und Pfeffer eine Vinaigrette rühren. Radieschen und Zwiebeln darin 5 Minuten ziehen lassen. Zuletzt die Rauke untermischen und mit den Olivenstücken und den Kichererbsen-Keimlingen bestreuen.

7. Zum Servieren die lauwarme Tarte mit dem restlichen Schafskäse bestreuen und mit dem Salat anrichten.

Zubereitungszeit: 50 Minuten
Pro Portion (bei 6 Portionen)
21 g E, 36 g F, 34 g KH =
562 kcal (2357 kJ)

Schmorgurken mit Bohnenfüllung

Für 4 Portionen:
250 g weiße Bohnen
Salz
150 g Zwiebeln
40 g Butterschmalz
2 El mittelscharfer Senf
2 Eier
100 g Vollkorntoastbrösel
Pfeffer (a. d. Mühle)
1,3 kg Schmor- oder Salatgurken
2 El Weißweinessig
1/4 l Gemüsebrühe
1/8 l Schlagsahne
2–3 Tl Honig
40 g Sonnenblumenkerne

1. Bohnen über Nacht einweichen. Zugedeckt bei milder Hitze 1 1/2 Stunden kochen, abtropfen lassen, pürieren und salzen.

2. Zwiebeln pellen, fein würfeln, in 20 g Butterschmalz glasig dünsten.

3. Bohnenpüree mit Zwiebeln, 1 El Senf, Eiern und Bröseln mischen, mit Pfeffer würzen, 30 Minuten ausquellen lassen.

4. Gurken schälen und längs halbieren. Kerne herauskratzen. Gurken in etwa 10 cm lange Stücke schneiden, mit Püree füllen, mit Küchengarn zusammenbinden.

5. Gurkenstücke im restlichen Butterschmalz rundherum goldbraun braten, mit Essig und etwas Brühe ablöschen. Zugedeckt 30 Minuten schmoren, dabei die restliche Brühe dazugießen.

6. Von den Gurken das Küchengarn entfernen, Gurken warm stellen. Sauce durch ein Sieb gießen, mit dem restlichen Senf und der Sahne cremig einkochen, mit Honig abschmecken.

7. Sonnenblumenkerne in einer Pfanne ohne Fett hellbraun rösten und über die Gurken streuen.

Zubereitungszeit: 2 3/4 Stunden (plus Einweichzeit)
Pro Portion 29 g E, 30 g F, 51 g KH = 598 kcal (2504 kJ)

Tofubällchen mit roter Bete

Für 4 Portionen:
350 g rote Bete
4 El Öl
Salz
Pfeffer (a. d. Mühle)
3 El Apfeldicksaft
500 g Tofu
1 Möhre
2 El Crème fraîche
2 El Schnittlauchröllchen
40 g Weizenvollkornmehl
2 Bund Frühlingszwiebeln
1 El Sojasauce.
1 Tl Speisestärke

1. Rote Bete schälen, fein würfeln und in 1 El Öl andünsten. Mit Salz und Pfeffer würzen. Apfeldicksaft unterrühren und zugedeckt bei milder Hitze 30 Minuten dünsten.

2. Tofu mit der Gabel zerdrücken. Möhre putzen, raspeln und mit Crème fraîche, Schnittlauch, Mehl und Salz zum Tofu geben. Alles verkneten und 15 Minuten ausquellen lassen.

3. Mit nassen Händen 12–16 Klößchen aus der Masse formen, leicht flachdrücken und in 2 El Öl sanft von jeder Seite 3–4 Minuten braten.

4. Die Zwiebeln putzen, in Längsstreifen schneiden und in 1 El Öl und 1/8 l Wasser 5 Minuten zugedeckt dünsten. Sojasauce mit der Stärke verrühren, den Zwiebelsud damit andicken. Mit roter Bete und Tofubällchen anrichten.

Zubereitungszeit: 1 Stunde
Pro Portion 15 g E, 20 g F, 33 g KH = 382 kcal (1597 kJ)

TOFU

Aus dem Japanischen übersetzt heißt Tofu Sojabohnenquark. Der pflanzliche Käse wird aus Sojabohnen gewonnen und ähnelt in seiner Konsistenz Schicht- oder Schafskäse. Er ist reich an leichtverdaulichem Eiweiß, Eisen und Kalium.
Sein Kalziumgehalt übertrifft sogar den von Milch.
Der geschmacksarme Tofu gilt auch als Fleischersatz.

Dicke-Bohnen-Topf

Für 4 Portionen:
750 g Kartoffeln
2 kg dicke Bohnen (ersatzweise 600 g TK)
1 kleiner Zweig Rosmarin
2 Zwiebeln
20 g Butterschmalz
1/2 Tl Kümmel
Salz
2 El Paprikamark
300 ml Gemüsebrühe oder -fond
200 ml saure Sahne
1 El Mehl
Pfeffer (a. d. Mühle)

1. Kartoffeln schälen und in schmale Spalten schneiden. Bohnen auspalen (oder auftauen lassen). Rosmarinnadeln abzupfen. Zwiebeln pellen und würfeln.

2. Butterschmalz in einem breiten Topf schmelzen. Rosmarin und Kümmel darin anbraten. Abgetropfte Kartoffeln dazugeben, mit Salz würzen und rundum anbraten. Zwiebeln und Bohnen untermischen und andünsten.

3. Die Gemüse etwas an den Rand schieben. Paprikamark in die Topfmitte geben und anbraten. Brühe dazugießen und alles gut verrühren. Zugedeckt bei schwacher Hitze 15 Minuten dünsten.

4. Die saure Sahne mit dem Mehl verquirlen und untermischen. Zugedeckt weitere 15–20 Minuten garen, dabei gelegentlich durchrühren, damit nichts ansetzt. Mit Salz und Pfeffer herzhaft abschmecken.

Zubereitungszeit: 1 1/2 Stunden
(mit TK-Bohnen 40 Minuten)
Pro Portion 15 g E, 15 g F, 48 g KH =
391 kcal (1645 kJ)

Gratinierte Erbsenklöße mit Suppengrün

Für 4 Portionen:
250 g grüne, getrocknete Erbsen
Salz
Pfeffer (a. d. Mühle)
1 El Majoranblättchen
Fett für die Form
80 g Gruyère
200 g Möhren
150 g Sellerie
500 g Porree
40 g Butter
Muskatnuß (frisch gerieben)
2 El gehackte Petersilie

1. Erbsen in 1 l kaltem Wasser zum Kochen bringen. Zugedeckt bei schwacher Hitze 2 Stunden kochen, abgießen (ca. 1/2 l), dann pürieren.

2. Erbsenpüree mit Salz, Pfeffer und Majoran herzhaft abschmecken, kühl stellen.

3. Aus der abgekühlten Masse mit 2 nassen Teelöffeln 12–16 Klöße formen und in eine gefettete Form setzen.

4. Gruyère grob raspeln und als Häufchen auf die Klöße setzen.

5. Die Gemüse putzen, waschen und fein würfeln. In der geschmolzenen Butter mit wenig Wasser 10–15 Minuten dünsten. Mit Salz, Muskat und Petersilie würzen.

6. Inzwischen die Klöße im vorgeheizten Backofen bei 200 Grad (Gas 3, Umluft 8–10 Minuten bei 175 Grad) auf der 2. Einschubleiste von unten 10 Minuten überbacken. Mit dem Gemüse servieren. Dazu passen Spiegeleier.

Zubereitungszeit: 2 3/4 Stunden
Pro Portion 23 g E, 18 g F, 49 g KH = 454 kcal (1898 kJ)

ERBSEN

Frische Erbsen und getrocknete Erbsen sind die Samen ein und derselben Pflanze. Sie werden nur im unterschiedlichen Reifestadium geerntet: die Gartenerbsen, wenn die Frucht noch reif und saftig ist, die Trockenerbsen erst, wenn die Samenhülsen schon lederartig und die Samen hart sind. In diesem Stadium hat sich der in der Gartenerbse befindliche Zucker in Stärke verwandelt. Darum schmecken Trockenerbsen herber als Gartenerbsen. Bei den Trockenerbsen gibt es gelbe und grüne Sorten, wobei die gelben etwas lieblicher und süßer schmecken. Getrocknete Erbsen werden ungeschält und geschält angeboten. Sie zählen zu den wichtigsten Eiweißlieferanten (23 Gramm pro 100 Gramm Erbsen) und sind reich an B-Vitaminen, Eisen, Mangan, Kupfer und Kalorien: 341 pro 100 Gramm. Ebenfalls zur Erbsenfamilie gehören die süßen Zuckerschoten. Sie werden geerntet, solange der Samen noch klein und die Schoten zart sind.

Marinierte Riesenbohnen

Für 4 Portionen:
250 g kleine Zwiebeln
50 g Zucker
4–5 El Balsamessig
100 ml Weißwein (trocken)
4 Lorbeerblätter
1 Bund Thymian
Salz
2 Dosen weiße Riesenbohnen (je 400 g EW)
8 El Olivenöl (kaltgepreßt)

1. Zwiebeln pellen. Zucker in einem Topf hellbraun karamelisieren lassen. Essig, Weißwein und 200 ml Wasser dazugießen, aufkochen lassen. Zwiebeln, Lorbeerblätter und 4 Zweige Thymian dazugeben. Mit Salz würzen, 20 Minuten zugedeckt bei schwacher Hitze kochen lassen.

2. 5 Minuten vor Ende der Garzeit die abgetropften und abgespülten Bohnen dazugeben. Über Nacht im Sud marinieren lassen. Kurz vor dem Servieren mit dem Öl mischen. Restlichen Thymian abzupfen und über die Bohnen streuen.

Zubereitungszeit: 30 Minuten (plus Zeit zum Marinieren)
Pro Portion 14 g E, 21 g F, 50 g KH = 457 kcal (1913 kJ)

Die Riesenbohnen werden in einem feinen, süß-säuerlichen Sud mariniert. Dazu wird Zucker in einem Topf mit dickem Boden hellbraun karamelisiert und mit einem Essig-Wein-Sud abgelöscht.

Linsenplätzchen mit Joghurtsauce

Für 4 Portionen:
150 g Linsen
Salz
4 Eier
2 El Mehl
1 El Curry
600 g Kartoffeln
3 Chilischoten
1 Knoblauchzehe
3 El Koriandergrün
300 g Vollmilchjoghurt
6 El Schlagsahne
50 g Butterschmalz

1. Linsen zugedeckt 35 Minuten bei schwacher Hitze kochen, salzen und abkühlen lassen.

2. Eier, Mehl und Curry verquirlen. Kartoffeln schälen, raspeln, alles mischen.

3. Chilischoten aufschlitzen und entkernen. Chilischoten, gepellten Knoblauch und Koriander hacken. Mit Joghurt und Sahne verrühren, kalt stellen.

4. Im Butterschmalz 15 cm große Plätzchen pro Seite 4–5 Minuten bei mittlerer Hitze braten, abtropfen lassen. Mit dem Joghurt servieren.

Zubereitungszeit: 1 Stunde
Pro Portion 22 g E, 26 g F, 46 g KH = 523 kcal (2193 kJ)

LINSEN

Die große, flache, braune Tellerlinse ist bei uns am bekanntesten. Dabei gibt es eine Reihe verschiedener Linsen, die sich in Form, Farbe, Größe, Aroma und Kocheigenschaften voneinander unterscheiden. Dazu zählen Puy-Linsen, Berglinsen, Mignon-Linsen, Pantelleria-Linsen, gelbe und rote Linsen. Neben der Tellerlinse, die ideal für Eintöpfe und Pürees ist, wird die rote Linse bei uns immer beliebter. Diese geschälte Sorte mit mildem, etwas mehligem Geschmack hat nur kurze Kochzeiten: 8 Minuten für Salate, 10 Minuten für Pürees. Für Eintöpfe sind sie nicht geeignet. Wie Trockenerbsen zählen Linsen zu den eiweiß- und ballaststoffreichsten Lebensmitteln.

Kichererbsen-Soufflé mit Paprika-Chutney

Für 4–6 Portionen:
Butter für die Form
200 g gegarte Kichererbsen
1 El Zitronensaft, 8 El Öl
3 Eier (Gew.-Kl. 3)
150 g Schafskäse
3 Stiele frische Minze
1 Bund Schnittlauch
1 Prise Kreuzkümmel
20 g Sesamsaat (ungeschält)

1/2 rote Paprikaschote
1/2 grüne Paprikaschote
1 Knoblauchzehe
1 kleine Zwiebel
1 rote Chilischote
1 Limette
Salz
1 Topf frischer Koriander

1. Eine ovale Auflaufform (ca. 1/2 l Inhalt) ausfetten und in den Kühlschrank stellen. Die Saftpfanne des Backofens auf der 2. Einschubleiste von unten zur Hälfte mit kochendem Wasser füllen. Backofen auf 200 Grad (Gas 3, Umluft nicht empfehlenswert) vorheizen.

2. Kichererbsen mit Zitronensaft pürieren, nach und nach 4 El Öl unterarbeiten. Eier trennen. Eigelb, Schafskäse, gehackte Minze, Schnittlauchröllchen und Kreuzkümmel unterrühren. Eiweiß steif schlagen, unter das Kichererbsenpüree heben.

3. Die Masse in die Form füllen, mit Sesam bestreuen und im Wasserbad 30–35 Minuten garen.

4. Inzwischen die Paprikaschoten, Knoblauch und Zwiebel putzen, würfeln. Chilischote halbieren, entkernen und in Streifen schneiden. Limette dünn abreiben und auspressen.

5. Die Zutaten mit 1 El Limettensaft, Salz und restlichem Öl verrühren. Korianderblätter, bis auf einen Rest, hacken und untermengen. Korianderblätter darüber streuen. Das Soufflé in der Form servieren, das Chutney dazu reichen.

Zubereitungszeit: 1 Stunde
Pro Portion (bei 6 Portionen)
11 g E, 24 g F, 14 g KH =
321 kcal (1342 kJ)

Gefüllte Zwiebeln mit Tomatensauce

Für 4 Portionen:
250 g grüne, getrocknete Erbsen
60 g Butter
1 Knoblauchzehe (durchgepreßt)
3 El Petersilie (gehackt)
100 g Parmesan (geraspelt)
Salz
Pfeffer (a. d. Mühle)
2 Gemüsezwiebeln (ca. 750 g)
2 El Sonnenblumenöl
1 El Rosmarinnadeln
1 Dose Tomaten (800 g EW)
1/8 l Schlagsahne
1/2 El Honig
Cayennepfeffer

1. Erbsen mit 3/4 l Wasser zugedeckt 2 Stunden kochen, pürieren und abkühlen lassen.

2. Das Püree mit 30 g geschmolzener Butter, Knoblauch, Petersilie und 60 g Parmesan verrühren. Herzhaft mit Salz und Pfeffer würzen.

3. Zwiebeln pellen, bis zur Mitte längs einschneiden und 40 Minuten in Salzwasser bei schwacher Hitze kochen. Abkühlen lassen, in Schichten zerlegen und jede Schicht, bis auf das Innere, mit Erbsenpüree füllen.

4. Die Zwiebelrollen in eine flache Form geben. Mit 40 g Parmesan und 30 g Butterflöckchen belegen. Im vorgeheizten Backofen bei 200 Grad (Gas 3, Umluft 30 Minuten bei 200 Grad) auf der 2. Einschubleiste von unten 20 Minuten backen.

5. Das Zwiebelinnere würfeln und im Öl 10 Minuten dünsten. Rosmarin, gehackte Tomaten (ohne Saft) und Sahne dazugeben, 5 Minuten bei schwacher Hitze kochen. Mit Salz, Honig und Cayenne würzen. Mit den gefüllten Zwiebeln servieren.

Zubereitungszeit: 3 Stunden
Pro Portion 29 g E, 35 g F, 71 g KH = 694 kcal (2903 kJ)

Bohnen-Tomaten-Gemüse

Für 4 Portionen:
2 Zwiebeln
1 Knoblauchzehe
1/2 Bund Suppengrün
4 El Öl
1 El Paprikapulver (edelsüß)
1 Dose geschälte Tomaten (800 g EW)
Salz
Cayennepfeffer
Zucker
1 Dose weiße Bohnen (800 g EW)
1/2 Bund glatte Petersilie

1. Zwiebeln und Knoblauch pellen. Zwiebeln würfeln und den Knoblauch in Scheiben schneiden. Suppengrün putzen, in Scheiben schneiden.

2. Alle vorbereiteten Zutaten im Öl unter Rühren 4–5 Minuten dünsten. Mit Paprika bestäuben und bei schwacher Hitze anschwitzen. Tomaten grob hacken und mit ihrer Flüssigkeit dazugeben. Mit Salz, Cayennepfeffer und Zucker würzen. Bei mittlerer Hitze im offenen Topf 5 Minuten kochen, gelegentlich umrühren.

3. Inzwischen die Bohnen in einem Sieb abspülen und abtropfen lassen, dann untermischen und weitere 3–5 Minuten durchziehen lassen. Petersilie grob hacken und darüber streuen.

Zubereitungszeit: 30 Minuten
Pro Portion 16 g E, 12 g F, 45 g KH = 358 kcal (1500 kJ)

BOHNEN

Es gibt etwa fünfhundert unterschiedliche Bohnensorten: mit weißen, grünen, gelben oder violetten Kernen und runden, flachen oder ovalen Hülsen. Bei den getrockneten Bohnen spielt die weiße Bohne die Hauptrolle, obwohl immer häufiger die zartgrünen Flageolets, Kidney-, Augen- und Wachtelbohnen und schwarze Bohnen verwendet werden. Trockenbohnen enthalten hochwertiges Eiweiß, Ballaststoffe, Kalzium, Kupfer, Eisen und Vitamin B_1.

GETREIDE

Ob als ganzes Korn, geschrotet oder gemahlen, Gerichte mit Hirse, Buchweizen, Grünkern oder Couscous schmecken besonders würzig und saftig in Kombination mit Tomaten, Bohnen, Spinat, Möhren oder Artischocken

Safranklöße auf Tomatenmus

Für 4 Portionen:
50 g Hirse
2 Knoblauchzehen
2 El Olivenöl
1 Dose Tomaten (geschält, 800 g EW)
Salz, 1 Tl Zucker
1 Tütchen Safran (0,125 g)
50 g Butter oder Margarine
120 g Mehl
3 Eier (Gew.-Kl. 3)
500 g Brechbohnen
10 Stiele Koriandergrün (zusammengebunden)
2 Msp. Sambal oelek
40 g Schafskäse

1. Die Hirse im Sieb heiß abbrausen. Zugedeckt in 300 ml Wasser bei schwacher Hitze 25–30 Minuten kochen. Mit einer Gabel auflockern.

2. Für das Tomatenmus den Knoblauch pellen, fein hacken und in einer Pfanne im Öl bei schwacher Hitze 2–3 Minuten dünsten. Die Tomaten abgießen (Saft anderweitig verwenden), abspülen und grob hacken. Im Knoblauchöl in 20 Minuten offen dicklich einkochen lassen. Mit Salz und Zucker würzen, warm halten.

3. Für die Klöße 1/4 l Wasser mit 1/2 Tl Salz, Safran und Fett aufkochen. Das Mehl dazugeben und unter kräftigem Rühren mit dem Holzlöffel aufkochen, bis sich die Masse als Kloß vom Boden löst.

4. Die Masse in eine Schüssel geben. Zuerst ein Ei nach dem anderen, dann die Hirse unterrühren und abkühlen lassen. Bohnen putzen und sehr schräg in Stücke schneiden. Dann vom Brandteig mit 2 nassen Teelöffeln Klöße abstechen, in siedendem Wasser mit Salz und Koriander 18–20 Minuten ziehen lassen.

5. 150 ml Wasser aufkochen, wenig Salz und Sambal oelek unterrühren. Bohnen dazugeben und zugedeckt 8–10 Minuten bei mittlerer Hitze dünsten.

6. Bohnen abschmecken und abgetropft mit dem Tomatenmus auf vorgewärmten Tellern verteilen. Klöße abtropfen lassen und auf den Tomaten anrichten. Den Schafskäse fein raspeln und darüber streuen.

Zubereitungszeit: 1 1/2 Stunden
Pro Portion 15 g E, 23 g F, 43 g KH = 445 kcal (1860 kJ)

Buchweizencrêpetorte mit Spinat und Pilzen

Für 4–6 Portionen:
Crêpeteig
60 g Buchweizenmehl
60 g Mehl, Salz
schwarzer Pfeffer (a. d. Mühle)
2 Eier, 220 ml Milch
2 El Öl
Füllung
1 kg Blattspinat
250 g Shiitake-Pilze
500 g rosa Champignons
150 g Schalotten
2 große Knoblauchzehen
200 g Schafskäse
50 g Sesamsaat (ungeschält)
3 El Öl
Salz
schwarzer Pfeffer (a. d. Mühle)
1/2 Tl Sesamöl
Salat
1 Bund Raukesalat (ca. 200 g)
80 g rote Zwiebeln
200 g Kirschtomaten
3 Tl Aceto balsamico
3 El Walnußöl, Salz
schwarzer Pfeffer (a. d. Mühle)

1. Für den Crêpeteig Buchweizenmehl und Mehl, Salz, Pfeffer, Eier und Milch glattrühren.

2. Den Spinat waschen und putzen. Die Pilze putzen und in kleine Würfel schneiden. Schalotten und Knoblauch pellen und fein würfeln. Den Käse in 1/2 cm große Würfel schneiden. Sesam in einer trockenen Pfanne unter Wenden 3–4 Minuten anrösten.

3. Den Spinat tropfnaß in einem geschlossenen Topf bei mittlerer Hitze ca. 3 Minuten zusammenfallen lassen. In einem Sieb auskühlen lassen, sehr gut ausdrücken und fein hacken.

4. Schalotten, Knoblauch und die Pilzwürfel in dem Öl ca. 8 Minuten dünsten. Spinat, Käsewürfel und 2/3 des Sesams untermischen. Mit Salz, Pfeffer und Sesamöl würzen.

5. Aus dem Teig insgesamt 4 Crêpes backen. Dafür eine Pfanne (22 cm Durchmesser) jeweils mit etwas von den 2 El Öl einpinseln und erhitzen. Jeweils 1/4 des Crêpeteiges in die Pfanne laufen lassen und pro Seite 3 Minuten bei mittlerer Hitze goldbraun backen.

6. Den Boden einer Springform (22 cm Durchmesser) mit Backpapier auslegen. Einen Crêpe hineinlegen, darauf 1/3 der Pilz-Füllung verteilen, die restlichen Zutaten abwechselnd einschichten, als letzte Schicht einen Crêpe legen. Im vorgeheizten Backofen bei 200 Grad (Gas 3, Umluft 25 Minuten bei 200 Grad) auf der 2. Einschubleiste von unten 30 Minuten erhitzen.

7. Für den Salat die Rauke waschen und putzen. Zwiebeln pellen und in feine Ringe schneiden. Die Tomaten waschen, putzen und halbieren. Die Zutaten kurz vor dem Servieren mit dem Aceto balsamico, Walnußöl, Salz und Pfeffer marinieren.

8. Crêpetorte mit dem restlichen Sesam bestreuen, in Stücke schneiden und mit dem Salat servieren.

Zubereitungszeit: 1 1/4 Stunden
Pro Portion (bei 6 Portionen)
19 g E, 28 g F, 25 g KH =
433 kcal (1812 kJ)

Bulgur-Möhren-Pfanne

Für 4 Portionen:
2 El Sonnenblumenkerne
500 g Kartoffeln
400 g Möhren
3 El Sonnenblumenöl
Salz
3/8 l Gemüsebrühe
100 g Bulgur (Hartweizengrütze)
2 Bund Frühlingszwiebeln
200 g Schlagsahne
1 1/2 El Senf
Pfeffer (a. d. Mühle)
1 Bund Dill

1. Die Sonnenblumenkerne in einer Pfanne ohne Fett hellbraun rösten und auf einen Teller schütten. Kartoffeln und Möhren schälen und in Scheiben schneiden.

2. Kartoffeln im Öl anbraten, mit Salz würzen. 1/8 l Brühe dazugießen und zugedeckt 5 Minuten dünsten, gelegentlich wenden.

3. Möhren und Bulgur unterrühren. Die restliche Brühe dazugießen und zugedeckt weitere 15 Minuten garen.

4. Inzwischen die Frühlingszwiebeln putzen und in Ringe schneiden. Sahne und Senf verrühren. Frühlingszwiebeln unter die Kartoffeln heben, mit Salz und Pfeffer abschmecken.

5. Senfsahne über das Gemüse geben und ohne Rühren zugedeckt 5 Minuten ziehen lassen. Mit Dillästchen und Sonnenblumenkernen bestreut servieren.

Zubereitungszeit: 50 Minuten
Pro Portion 11 g E, 28 g F, 41 g KH = 474 kcal (1985 kJ)

Chinakohlrouladen mit Meerrettichsauce

Für 4 Portionen:
10 g getrocknete Steinpilze
1 Chinakohl (ca. 600 g)
Salz
150 g Tomaten
75 g Buchweizen (ganze Körner)
100 g Frühlingszwiebeln
30 g Butter oder Margarine
1 Ei
Pfeffer (a. d. Mühle)
Muskatnuß (frisch gerieben)
1 El Mehl
1/4 l Milch
2 El Schnittlauchröllchen
1–2 El Meerrettich (a. d. Glas)
2–3 Tl Zitronensaft

1. Pilze in 1/2 l lauwarmem Wasser 30 Minuten einweichen. Den Chinakohl putzen. 24 Blätter ablösen, in Salzwasser 2 Minuten blanchieren, abschrecken, abtropfen lassen. Tomaten vierteln, entkernen und würfeln.

2. Pilze abgießen, Flüssigkeit auffangen. Buchweizen abbrausen, in 1/8 l Pilzflüssigkeit 15 Minuten bei schwacher Hitze kochen. Zwiebeln in Ringe schneiden, Pilze hacken, beides in 15 g Fett andünsten. Mit Buchweizen, der Hälfte der Tomatenwürfel und Ei verkneten. Mit Salz, Pfeffer und Muskat würzen.

3. Den Strunkansatz keilförmig aus den Kohlblättern schneiden. Je 2 Blätter aufeinanderlegen, mit der Masse füllen, aufrollen und mit Küchengarn zusammenbinden. Im restlichen Pilzwasser 10 Minuten bei schwacher Hitze kochen, herausnehmen und warm stellen.

4. Das Mehl im restlichen Fett anschwitzen. Mit Milch und dem Sud ablöschen, 10 Minuten bei schwacher Hitze kochen lassen. Schnittlauch, restliche Tomaten, Meerrettich und Zitronensaft in die Sauce geben, mit Salz und Pfeffer würzen, zu den Röllchen servieren.

Zubereitungszeit: 1 1/4 Stunden
Pro Portion 9 g E, 11 g F, 23 g KH = 231 kcal (969 kJ)

Grünkern-Gemüse-Pfanne

Für 2 Portionen:
75 g Grünkern
200 ml klare Gemüsebrühe
150 g Aubergine
Salz
150 g Zucchini
300 g kleine Tomaten
1 Zwiebel
2 Knoblauchzehen
3 El Olivenöl
Pfeffer (a. d. Mühle)
2 El Thymianblätter
150 g dicke Bohnen (TK)

1. Grünkern in die Brühe geben, einmal aufkochen und bei schwacher Hitze zugedeckt 20 Minuten ausquellen lassen. Dann in einem Sieb abtropfen lassen, die Brühe auffangen.

2. Aubergine putzen und in Stücke schneiden, mit etwas Salz bestreuen. Zucchini putzen und ebenfalls in Stücke schneiden. Die Tomaten vierteln, Zwiebel und Knoblauch pellen und fein würfeln.

3. Die Auberginenstücke mit Küchenpapier trockentupfen. Das Öl in einer großen Pfanne erhitzen, die Auberginenstücke und die Zwiebelwürfel darin unter Rühren anbraten. Dann Knoblauch und Zucchini dazugeben und unter Rühren mitdünsten. Das Gemüse mit Salz, Pfeffer und 1 El Thymian würzen und mit 50 ml Grünkernbrühe ablöschen.

4. Zum Schluß Tomaten, aufgetaute Bohnen und Grünkern dazugeben und zugedeckt 10 Minuten mitdünsten. Noch einmal mit Salz und Pfeffer abschmecken und mit restlichen Thymianblättern bestreuen. Dazu passen Spiegeleier.

Zubereitungszeit: 35 Minuten
Pro Portion 13 g E, 17 g F, 43 g KH = 384 kcal (1613 kJ)

GETREIDE

Getreidekörner bestehen aus Mehlkörper, Keimling und Schale. Im Mehlkörper befinden sich vorwiegend Stärke, im Keimling Eiweiß, Fett, Vitamine und Mineralstoffe und in der Schale Ballaststoffe.

Weizen
Es ist das wichtigste Brotgetreide. Das weiche Korn wird verarbeitet zu Schrot, Mehl, Grieß, Graupen oder Stärke.

Bulgur
Traditionelles Weizenprodukt aus Nordafrika. Die Körner werden vorgekocht, gedarrt und grob geschrotet.

Couscous
Couscous ist grober Weizengrieß, aus dem das tunesische Nationalgericht zubereitet wird.

Grünkern
Grünkern ist das nicht voll ausgereifte Korn des Dinkels, einem Verwandten des Weizens. Er wird geerntet, bevor sich der Zucker in Stärke umgebaut hat. Anschließend wird das Korn geröstet und erhält dadurch einen nussigen Geschmack.

Roggen
Wird vorwiegend wegen seines kräftigen Geschmacks in Broten verarbeitet.

Gerste
Hauptsächlich wird es zum Bierbrauen verwendet.

Hafer
Das beliebteste Produkt sind Haferflocken. Das Getreide wirkt Bluthochdruck entgegen.

Hirse
Es hat die kleinsten, aber mineralstoffreichsten Körner. Hirse schmeckt würzig und leicht nussig.

Mais
Die gelben großen Körner werden entweder ganz oder als Maisgrieß (Polenta) oder Maismehl angeboten.

Quinoa
Quinoa (sprich „Kienwa") ist der Samen eines Gänsefußgewächses. Die besonders eiweißreichen Samen stammen aus den hohen Lagen der Anden.

Buchweizen
Buchweizen zählt nicht zu den Getreiden, sondern zu den Knöterichgewächsen. Er ist besonders eiweißreich.

Austernseitlings-Ragout auf Couscous

Für 4 Portionen:
750 g Austernseitlinge
50 g Cashewkerne (ungesalzen)
2 kleine Knoblauchzehen
2 Bund Basilikum
3 El Öl
200 g Couscous (in türkischen Läden)
400 ml Gemüsefond (a. d. Glas)
Salz
100 g Crème fraîche
2 El mittelscharfer Senf
schwarzer Pfeffer (grob gemahlen)
4 kleine Tomaten

1. Die Austernseitlinge putzen, unter fließendem Wasser abspülen, trockentupfen und grob zerteilen. Cashewkerne in einer Pfanne ohne Fett bei mittlerer Hitze unter Wenden goldbraun rösten. Die Knoblauchzehen pellen. Basilikumblätter von den Stielen streifen, grob hacken und mit 1 El Öl und 3 El Wasser in einem Rührbecher mit dem Schneidstab pürieren.

2. Couscous mit Gemüsefond in einem Topf zum Kochen bringen. Die Herdplatte ausschalten und das Couscous zugedeckt ausquellen lassen. Gelegentlich umrühren. Eventuell 3–4 El Wasser dazugeben.

3. In einer großen Pfanne 1 El Öl erhitzen. Die Austernseitlinge hineingeben, salzen und bei starker Hitze 2–3 Minuten anbraten, herausnehmen.

4. Das restliche Öl in der Pfanne erhitzen. Den Knoblauch hineinpressen, kurz anrösten. Crème fraîche und Senf dazugeben und einmal aufkochen lassen. Die Austernseitlinge mit Flüssigkeit in die Sauce geben und erhitzen. Mit Salz und Pfeffer abschmecken. Die Stielansätze der Tomaten keilförmig herausschneiden. Die Tomaten vierteln.

5. Das Couscous auf einer Platte oder portionsweise anrichten, das Ragout darauf geben. Mit Tomatenvierteln umlegen und mit Cashewkernen bestreuen.

Zubereitungszeit: 50 Minuten
Pro Portion 14 g E, 22 g F, 47 g KH = 453 kcal (1893 kJ)

Quinoa-Möhren-Puffer mit Kräuterquark

Für 4 Portionen:
100 g Quinoa
(a. d. Reformhaus)
200 ml Gemüsebrühe
500 g Kartoffeln
350 g Möhren
1 Ei, 2 El Mehl
150 g Crème fraîche
Kräutersalz
Pfeffer (a. d. Mühle)
50 g Butterschmalz
je 1 Bund Petersilie, Dill, Schnittlauch
250 g Sahnequark
2–3 El Milch
1 Knoblauchzehe (durchgepreßt)

1. Quinoa in die kochende Brühe geben und zugedeckt bei schwacher Hitze ca. 15 Minuten quellen lassen.

2. Kartoffeln und Möhren schälen, grob raspeln und trockentupfen. Mit Quinoa, Ei, Mehl und 1 El Crème fraîche mischen. Mit Salz und Pfeffer würzen.

3. Im heißen Butterschmalz portionsweise 12 Puffer von jeder Seite 4–5 Minuten braten und warm halten.

4. Kräuter, bis auf einen kleinen Rest, hacken. Mit Quark, restlicher Crème fraîche, Milch und Knoblauch verrühren, mit Salz und Pfeffer würzen. Kräuterquark mit restlichen Kräutern garniert zu den Puffern servieren.

Zubereitungszeit: 45 Minuten
Pro Portion 17 g E, 35 g F, 42 g KH = 559 kcal (2351 kJ)

Hirse-Spinat-Pudding

Für 6 Portionen:
200 g mittelalter Gouda
4 Zwiebeln
60 g Butter
100 g Hirse
1 Tl Curry
350 ml Gemüsebrühe
Butter und Vollkorngrieß für die Form
50 g Hirseflocken
3 Eier
700 g Blattspinat
50 ml Schlagsahne
Salz
Muskatnuß (frisch gerieben)
weißer Pfeffer (a. d. Mühle)
500 g Tomaten
4 Knoblauchzehen
1 kleines Bund Basilikum
1 gehäufter El Tomatenmark
100 ml Rotwein
1 El Öl

1. Käse fein reiben. 2 Zwiebeln würfeln und in 20 g Butter glasig dünsten. Hirse und Curry dazugeben und kurz durchrühren. Mit Brühe auffüllen und zugedeckt bei milder Hitze 20–25 Minuten kochen, gelegentlich umrühren.

2. Eine Puddingform (1 1/2 l Inhalt) mit Deckel ausfetten und mit Grieß ausstreuen, in den Kühlschrank stellen.

3. Topf vom Herd nehmen, Hirseflocken unterrühren und 10 Minuten quellen lassen. 2 Eier und 2/3 des Käses unterrühren.

4. Spinat verlesen, gründlich waschen und tropfnaß bei milder Hitze zugedeckt zusammenfallen lassen. Spinat ausdrücken, grob hacken, in 20 g Butter andünsten. Sahne mit restlichem Ei und Käse verquirlen, unter den Spinat rühren, mit Salz, Muskat und Pfeffer würzen.

5. 2/3 der Hirsemasse in die Form füllen, eine Mulde hineindrücken, Spinat einfüllen, mit Hirse bedecken. Form verschließen, den Pudding bei schwacher Hitze im geschlossenen Topf 1 1/2 Stunden kochen lassen.

6. Tomaten in Spalten schneiden. Restliche Zwiebeln, Knoblauch und Basilikum hacken. Zwiebeln und die Hälfte des Knoblauchs in der restlichen Butter andünsten. Tomatenmark dazugeben, 4–5 Minuten unter Rühren erhitzen. Wein und Tomaten dazugeben, kurz aufkochen, mit Salz, Pfeffer und Basilikum würzen.

7. Restlichen Knoblauch im Öl rösten, abtropfen lassen und über die Sauce streuen. Pudding mit einem Messer vom Rand lösen, stürzen, kurz ruhenlassen, dann mit der Sauce servieren.

Zubereitungszeit: 2 3/4 Stunden
Pro Portion 21 g E, 29 g F, 32 g KH = 483 kcal (2023 kJ)

Buchweizenpfanne mit Artischocken

Für 4 Portionen:
12 Zwerg-Artischocken (250 g)
Zitronensaft
4 El Öl
4 kleine Salbeiblätter
1/2 El Koriander (gestoßen)
100 g Buchweizen
1/2 l Gemüsebrühe
Salz
1 Knoblauchzehe
200 g Champignons
100 g Kirschtomaten
1 Bund Brunnenkresse
Pfeffer (a. d. Mühle)

1. Die äußeren holzigen Blätter von den Artischocken abnehmen. Artischockenstiele und -spitzen abschneiden und die Schnittflächen sofort mit Zitronensaft beträufeln.

2. 3 El Öl in einer großen Pfanne erhitzen. Salbei und Koriander dazugeben. Artischocken längs halbieren, sofort mit den Schnittflächen im Öl anbraten.

3. Buchweizen in der Pfanne mit anrösten, 3/8 l Brühe dazugießen und zugedeckt bei milder Hitze 20–25 Minuten kochen, dann mit Salz und durchgepreßtem Knoblauch würzen.

4. Inzwischen die Pilze abreiben und halbieren, Tomaten ebenfalls halbieren. Brunnenkresse abschneiden. Artischocken und Buchweizen an den Rand schieben.

5. Restliches Öl in die Mitte geben, Pilze bei starker Hitze anbraten, Tomaten und restliche Brühe dazugeben, mit Pfeffer würzen. Brunnenkresse unterheben und zugedeckt 2 Minuten durchziehen lassen, dann servieren.

Zubereitungszeit: 45 Minuten
Pro Portion 6 g E, 11 g F, 22 g KH = 215 kcal (901 kJ)

Grünkernpudding mit Petersiliensauce

Für 4–6 Portionen:
Butter und Grünkernschrot für die Form
80 g Grünkernkörner
700 ml Gemüsebrühe
40 g feiner Grünkernschrot
2 Eier
350 g junge Möhren
75 g Sellerieknolle
75 g Petersilienwurzel
75 g Porree
50 g geröstete, gehackte Haselnußkerne
60 g Butter
40 g Weizenvollkornmehl
4 Bund glatte Petersilie
Salz
1 Handvoll Kerbel (ersatzweise Petersilie)

1. Eine Reisrandform (20 cm Durchmesser) ausfetten und mit Grünkernschrot ausstreuen, kühl stellen.

2. Grünkernkörner in 200 ml Brühe geben und aufkochen, dann bei schwacher Hitze zugedeckt 30 Minuten ausquellen lassen. Schrot unterrühren, aufkochen, von der Herdplatte nehmen und auskühlen lassen. Eier unterrühren.

3. Saftpfanne des Backofens auf der 2. Einschubleiste von unten zur Hälfte mit kochendem Wasser füllen. Backofen auf 200 Grad (Gas 3, Umluft 200 Grad) vorheizen.

4. Gemüse putzen. 50 g Möhren, Sellerie und Petersilienwurzel grob raspeln. Porree in dünne Ringe schneiden. Zerkleinertes Gemüse und Nüsse unter den Grünkern ziehen, in die Form füllen und in der Saftpfanne 25–30 Minuten garen.

5. Inzwischen die Butter zerlassen. Mehl dazugeben und anschwitzen lassen, die restliche Brühe mit dem Schneebesen unterrühren, bei milder Hitze 5–8 Minuten kochen, Petersilienblätter fein hacken, unter die Sauce ziehen, eventuell salzen.

6. Die restlichen Möhren in wenig Wasser mit etwas Salz zugedeckt 8–10 Minuten bei schwacher Hitze garen.

7. Pudding kurz in der Form ruhenlassen, dann stürzen und mit Möhren, etwas Sauce und Kerbel anrichten. Die restliche Sauce getrennt dazu servieren.

Zubereitungszeit: 1 1/4 Stunden
Pro Portion (bei 6 Portionen)
8 g E, 18 g F, 25 g KH = 300 kcal (1258 kJ)

Überbackene Polentascheiben

Für 4 Portionen:
800 ml Gemüsefond (a. d. Glas)
200 g Maisgrieß (Polenta)
Salz
weißer Pfeffer (a. d. Mühle)
Fett für die Form
6 Tomaten
12 schwarze Oliven (mit Stein)
4 Knoblauchzehen
1/2 Bund Basilikum
6 El Öl
2 Kugeln Mozzarella (à 150 g)
50 g Parmesan (frisch gerieben)

1. Gemüsefond aufkochen und Polenta einstreuen. Unter ständigem Rühren bei ganz schwacher Hitze 10–15 Minuten kochen lassen. Wenn nötig, noch bis zu 200 ml Wasser dazufügen. Die Polenta salzen, pfeffern und in eine gefettete Kastenform (1 l Inhalt) füllen. Abkühlen lassen.

2. Inzwischen die Tomaten in dünne Scheiben schneiden, Oliven entsteinen, die Hälfte fein hacken. Knoblauch pellen und in dünne Scheiben schneiden. Basilikumblätter von den Stielen zupfen, 12 Blätter zum Garnieren beiseite legen, den Rest fein hacken. Den Backofen auf 200 Grad (Gas 3, Umluft 175 Grad) vorheizen.

3. Die Polenta stürzen und in 12 gleichmäßig dicke Scheiben schneiden. Mit Knoblauch- und Tomatenscheiben, gehackten Oliven und gehacktem Basilikum belegen und in die Saftpfanne legen. Mit dem Öl beträufeln, salzen und pfeffern.

4. Auf der 2. Einschubleiste von unten 5 Minuten backen. Mozzarella in 12 Scheiben schneiden und auf die Polenta legen, mit dem Parmesan bestreuen und weitere 15 Minuten backen, bis der Käse zerlaufen ist und Farbe angenommen hat. Dann mit den restlichen Olivenhälften und Basilikumblättchen garnieren, auf Portionstellern anrichten.

Zubereitungszeit: 45 Minuten
Pro Portion 26 g E, 35 g F, 42 g KH = 614 kcal (2576 kJ)

Scharfe Möhrenhirse

Für 4 Portionen:
750 g Möhren
3 grüne Peperoni
1 Zwiebel
100 g Mandelstifte
2 El Öl
200 g Hirse
1/2 l klare Brühe
40 g Korinthen
Salz
Cayennepfeffer
2 Knoblauchzehen
300 g Vollmilchjoghurt

1. Möhren putzen und in nicht zu dünne Scheiben schneiden. Die Peperoni halbieren, entkernen und fein würfeln. Zwiebel pellen und fein würfeln. Zwiebelwürfel mit Mandelstiften und Peperoniwürfeln im heißen Öl anbraten. Möhrenscheiben unterrühren und 2 Minuten andünsten.

2. Hirse unter kaltem Wasser abbrausen und mit der Brühe und den Korinthen zu den Möhren geben. Mit Salz und 1 Prise Cayennepfeffer würzen und zugedeckt 20 Minuten bei schwacher Hitze kochen lassen.

3. Knoblauchzehen pellen und durchpressen. Joghurt mit Knoblauch und 1 Prise Salz verrühren und zur Möhrenhirse servieren. Den verfeinerten Joghurt nach Geschmack mit etwas Cayennepfeffer bestäuben. Dazu paßt knusprig aufgebackenes Fladenbrot.

Zubereitungszeit: 50 Minuten
Pro Portion 15 g E, 24 g F, 52 g KH = 497 kcal (2081 kJ)

Buchweizenblini mit Crème fraîche

Für 4 Portionen:
100 g Buchweizenmehl
75 g Weizenmehl (Type 1050)
15 g Hefe
1 Tl Zucker
100 ml Milch
Salz
1/2 Kopf Frisée (200 g)
2 El Weißweinessig
Pfeffer (a. d. Mühle)
8 El Öl
200 g Crème fraîche
50 g Forellenkaviar
Schnittlauch zum Garnieren

1. Buchweizen- und Weizenmehl mischen. Hefe mit Zukker in 150 ml lauwarmem Wasser auflösen, dann mit der Milch und 1 Prise Salz zum Mehl geben und verrühren. Den Teig zugedeckt 10 Minuten gehen lassen.

2. Inzwischen den Salat waschen, putzen und in mundgerechte Stücke teilen. Essig mit Salz, Pfeffer und 3 El Öl zu einer Salatsauce verrühren. Den Salat mit der Sauce mischen und portionsweise auf Tellern anrichten.

3. Aus dem Teig in einer Pfanne im restlichen Öl nacheinander der portionsweise etwa 16 Blini jeweils 1–2 Minuten von jeder Seite backen.

4. Die Blini auf den Tellern mit Salat, Crème fraîche, Kaviar und Schnittlauch anrichten.

Zubereitungszeit: 30 Minuten
Pro Portion 9 g E, 37 g F, 38 g KH = 539 kcal (2256 kJ)

NUDELN

Solo schmecken sie etwas langweilig. Aber in Verbindung mit Butter, Tomaten, Zuckerschoten, Sahne oder Käse entwickeln sie sich zu grandiosen Köstlichkeiten!

Nudeln mit Ricottasauce

Für 4 Portionen:
250 g Nudeln (z. B. Farfalle)
Salz
250 g Zuckerschoten
100 ml Weißwein
250 g Ricotta (italienischer Frischkäse)
1 Eigelb
grob zerstoßener schwarzer Pfeffer
einige Basilikumblättchen

1. Nudeln nach Packungsanweisung in Salzwasser bißfest kochen.

2. Inzwischen die Zuckerschoten putzen, während der letzten 3 Minuten zu den Nudeln geben.

3. Den Weißwein erhitzen. Ricotta und Eigelb miteinander verquirlen, nach und nach den Wein unterrühren. Die Ricottasauce in den Topf geben und erwärmen, aber nicht kochen, sonst stockt das Eigelb. Die Sauce kräftig mit Salz und Pfeffer abschmecken.

4. Die Nudeln abtropfen lassen und mit der Sauce mischen, auf Portionstellern anrichten und mit grob zerstoßenem Pfeffer und Basilikumblättern bestreut servieren.

Zubereitungszeit: 20 Minuten
Pro Portion 22 g E, 8 g F, 52 g KH = 406 kcal (1698 kJ)

Bandnudeln mit Zitronensauce

Für 4 Portionen:
1 unbehandelte Zitrone
4–6 Salbeiblätter
(und einige zum Garnieren)
6 El Olivenöl
2 El Mehl
1/4 l Milch
1/4 l Gemüsebrühe
400 g breite Bandnudeln
Salz
1/8 l Schlagsahne
2 Eigelb
Pfeffer (a. d. Mühle)
Zitronenscheiben zum Garnieren

1. Die Zitrone heiß abspülen. Zitronenschale mit dem Juliennereißer abziehen oder dünn abschälen und in Streifen schneiden. Die Zitrone auspressen.

2. Salbeiblätter in feine Streifen schneiden und in dem heißen Öl 2–3 Minuten anrösten. Mit der Schaumkelle herausnehmen. Mehl in dem Öl andünsten, unter Rühren 4 El Zitronensaft, die Hälfte der Zitronenschale, Milch und Gemüsebrühe dazugießen. Die Sauce unter Rühren 10 Minuten bei schwacher Hitze kochen lassen.

3. Nudeln nach Packungsanweisung in Salzwasser kochen. Sahne mit Eigelb verquirlen und in die heiße Sauce rühren, nicht mehr kochen lassen. Mit Salz und Pfeffer abschmecken.

4. Nudeln abgießen und portionsweise mit der Sauce anrichten. Mit halbierten Zitronenscheiben, Salbeistreifen und Salbeiblättern garnieren.

Zubereitungszeit: 25 Minuten
Pro Portion 18 g E, 33 g F, 76 g KH = 696 kcal (2909 kJ)

Zitronenschale läßt sich am einfachsten mit einem Spezialmesser, dem Juliennereißer, in feine Streifen schneiden.

Spinat-Ravioli

Für 6 Portionen:
250 g Mehl
3 Eier (Gew.-Kl. 2)
6 Eigelb, Salz
1 kg Spinat
300 g Ricotta
(italienischer Frischkäse)
100 g Pecorino
(frisch gerieben)
150 g Parmesan
(frisch gerieben)
schwarzer Pfeffer
(a. d. Mühle)
Muskatnuß (frisch gerieben)
Mehl zum Bearbeiten
1 kleiner Zweig Salbei
40 g Walnußkerne
75 g Butter, 40 g Pinienkerne

1. Für den Ravioliteig das Mehl mit 2 Eiern, 3 Eigelb, 1 El Wasser und Salz zu einem glatten Teig kneten (am besten in der Küchenmaschine), abgedeckt etwa 1/2 Stunde ruhenlassen.

2. Für die Füllung den Spinat putzen und waschen. Tropfnaß in einem breiten Topf zusammenfallen lassen und weitere 5 Minuten dünsten. In ein Sieb schütten, abkühlen lassen, gut ausdrücken und fein hacken. Mit Ricotta, Pecorino, Parmesan und restlichem Eigelb gut mischen. Mit Salz, Pfeffer und Muskat würzen.

3. Den Nudelteig in 6 Teile teilen. 1 Teil auf der glatten Walze der Nudelmaschine von der breitesten bis zur feinsten Einstellung zu einer 60 cm langen Nudelteigbahn ausrollen. Das restliche Ei verquirlen.

4. Auf die Mitte der unteren Teigbahnhälfte je 1/6 der Füllung mit gleichem Abstand in 6 Häufchen verteilen. Die Teigbahnränder mit dem Ei bepinseln. Die obere Teigbahnhälfte über die untere klappen. Den Teig um die Füllung herum andrücken und mit einem Teigrad 6 Ravioli ausschneiden.

5. Die Ravioli auf ein bemehltes Blech setzen. Die anderen 5 Teigstücke genauso ausrollen, füllen und auf das Blech setzen.

6. Die Salbeiblätter von den Stielen zupfen. Die Walnußkerne grob zerkleinern.

7. Die Ravioli in kochendes Salzwasser geben und in leicht sprudelndem Wasser portionsweise 5–7 Minuten al dente kochen.

8. Inzwischen die Butter in einer Pfanne einmal aufschäumen lassen. Die Walnuß- und die Pinienkerne darin goldbraun braten. Die Salbeiblätter 1 Minute mitbraten. Mit Salz und Pfeffer würzen.

9. Zum Servieren die gut abgetropften Ravioli auf vorgewärmten Tellern verteilen und mit der Nußbutter beträufeln.

Zubereitungszeit: 2 Stunden
Pro Portion 38 g E, 54 g F, 33 g KH = 800 kcal (3351 kJ)

NÜSSE

Nicht jede Nuß ist botanisch gesehen eine Nuß. So sind Wal- und Kokusnuß Steinfrüchte, Erdnuß eine Hülsenfrucht, Muskatnuß der Samen einer Beerenfrucht und Paranuß eine Kapselfrucht. Dennoch: Trotz ihres unterschiedlichen Aussehens und ihrer unterschiedlichen Herkunft sind Nüsse richtige Kraftpakete. Sie enthalten im Schnitt fünfzig Prozent Fett mit einem hohen Anteil ungesättigter Fettsäuren, die lebensnotwendig sind. Außerdem stecken in Nüssen hochwertiges Eiweiß, die Vitamine A, K, E und Vitamine der B-Gruppe. Zum Knabbern sind Hasel-, Erd- und Walnüsse und Cashewkerne ideal, doch enthalten sie pro hundert Gramm etwa sechshundert Kalorien – mehr als in einer Tafel Schokolade enthalten sind.

Nudelpfanne mit Schafskäse

Für 2 Portionen:
250 g Champignons
1/2 Bund Suppengrün
30 g Butterschmalz
300 g gekochte kurze Nudeln (aus 100 g Rohware)
Salz
Cayennepfeffer
1 Dose Tomaten (400 g, abgetropft)
Zucker
100 g milder Schafskäse
1 Bund Schnittlauch (in Röllchen)

1. Champignons abreiben und halbieren, Suppengrün putzen und würfeln. Pilze im Fett scharf anbraten, Gemüsewürfel untermischen.

2. Die gekochten Nudeln 5–7 Minuten mitbraten, mit Salz und Cayennepfeffer würzen.

3. Tomaten grob teilen, mit Salz, Zucker und Cayenne bestreuen, zwischen den Nudeln verteilen.

4. Käse zerbröckeln, darüber streuen und leicht schmelzen lassen. Schnittlauch über die Nudelpfanne streuen.

Zubereitungszeit: 30 Minuten
Pro Portion 20 g E, 26 g F, 50 g KH = 517 kcal (2163 kJ)

NUDELN

Ob Farfalle, Spaghetti, Lasagne, Band- oder Fadennudeln – Pasta sind keine Dickmacher; meistens sind es die Saucen, die es kalorisch in sich haben. Denn ein Teller Spaghetti aus 100 Gramm Rohware hat nur etwa 350 Kalorien. Am gesündesten sind Vollkornnudeln: Sie sind ballaststoffreicher, vitamin- und mineralstoffreicher als Nudeln aus hellem Weizenmehl. Vollkornnudeln sind auch aus Roggen, Grünkern oder Hirse erhältlich. Doch vielen Nudelfans ist der kräftige Eigengeschmack von Vollkornnudeln zu intensiv. Sie geben der „Normalnudel" den Vorzug, die mit oder ohne Ei hergestellt wird.

Nudelauflauf

Für 6–8 Portionen:
500 g junge Möhren
750 g Spargel
600 g Kohlrabi
500 g Bandnudeln
Salz, 1 Tl Öl
200 g Butter, Zucker
300 g ausgepalte junge Erbsen (ersatzweise TK-Erbsen)
60 g Mehl
1/8 l Schlagsahne
weißer Pfeffer (a. d. Mühle)
Muskatnuß (frisch gerieben)
2 El Zitronensaft
2 große Bund Kerbel
3 Bund glatte Petersilie
4 Scheiben Weizentoastbrot

1. Möhren und Spargel schälen. Möhren der Länge nach vierteln, Spargel der Länge nach halbieren. Beides in ca. 6 cm lange Stücke schneiden. Kohlrabi schälen und erst in dicke Scheiben, dann wie Pommes frites in Stifte schneiden.

2. Bandnudeln nach Packungsanweisung in Salzwasser kochen, abtropfen lassen und mit dem Öl vermengen.

3. 3/8 l Wasser mit 50 g Butter, 1 Tl Zucker und 1 Prise Salz aufkochen. Darin zuerst Möhren und Kohlrabi 6–8 Minuten zugedeckt kochen, herausheben und in einen Durchschlag geben. Spargel 4–5 Minuten zugedeckt in der Flüssigkeit garen. Erbsen ca. 1 Minute vor Schluß dazugeben. Das Gemüse in einen Durchschlag schütten, Brühe auffangen.

4. 100 g Butter in einem Topf schmelzen. Das Mehl mit dem Schneebesen einrühren. Gemüsebrühe mit 1/8 l Wasser und der Sahne auffüllen, die Mehlschwitze damit ablöschen. Mit dem Schneebesen kräftig verrühren und 1–2 Minuten durchkochen lassen. Mit Salz, weißem Pfeffer, Muskat und Zitronensaft würzen. Kräuter nicht zu fein hacken und unter die Béchamelsauce heben.

5. Eine ofenfeste Form (4 l Inhalt) mit etwas weicher Butter ausfetten. Eine Schicht Nudeln in die Form geben, darauf jeweils 1/3 der Gemüsemischung und 1/3 der Sauce verteilen. Vorgang zweimal wiederholen, zum Schluß den Auflauf mit Nudeln bedecken.

6. Toastbrot entrinden und im Mixer zerkleinern, die Brösel auf der Lasagne verteilen. Restliche Butter in Flöckchen darauf geben.

7. Im vorgeheizten Backofen bei 225 Grad auf der 2. Einschubleiste von unten 45 Minuten backen, 10 Minuten vor Garzeitende abdecken, falls die Oberfläche zu dunkel wird (Gas 4, Umluft 200 Grad, dabei nach 25 Minuten abdecken). Den Auflauf in der Form servieren.

Zubereitungszeit: 1 1/2 Stunden
Pro Portion (bei 6 Portionen)
21 g E, 39 g F, 86 g KH =
798 kcal (3339 kJ)

Vollkornspaghetti mit Pesto

Für 4 Portionen:
400 g Vollkornspaghetti
Salz
5 El Olivenöl
1 Bund glatte Petersilie
4 Bund Basilikum
50 g Parmesan
30 g Pinienkerne
1 Knoblauchzehe
schwarzer Pfeffer
(a. d. Mühle)

1. Die Spaghetti nach Packungsanweisung in Salzwasser mit 1 El Olivenöl kochen. In einem Durchschlag abtropfen lassen.

2. Petersilie und Basilikum verlesen, kurz waschen und trockenschütteln, dann fein hacken.

3. Parmesan fein reiben, Pinienkerne mahlen. Die Knoblauchzehe pellen und durchpressen.

4. Die vorbereiteten Kräuter, 2 El Parmesan, Pinienkerne und Knoblauch mit dem restlichen Olivenöl im Mörser fein zerstoßen oder alles sehr fein hacken und verrühren.

5. Den Pesto mit Salz und Pfeffer würzen und die Nudeln darin wenden. Den restlichen Parmesan über die Spaghetti streuen.

Zubereitungszeit: 35 Minuten
Pro Portion 16 g E, 23 g F, 47 g KH = 493 kcal (2064 kJ)

Bandnudeln mit Basilikum und Käsesauce

Für 4 Portionen:
100 g Haselnußkerne
1/4 l Schlagsahne
200 g Fontina-Käse
(ersatzweise Raclette-Käse)
50 g Butter
400 g breite Bandnudeln
Salz
2 Töpfe Basilikum
1 Knoblauchzehe

1. Die Haselnüsse im vorgeheizten Backofen bei 175 Grad (Gas 2, Umluft 8–10 Minuten bei 175 Grad) etwa 10–12 Minuten goldbraun rösten. In ein Sieb schütten, kalt werden lassen und die braune Haut abreiben. Die Nüsse im Gefrierbeutel mit einer Kuchenrolle grob zerdrücken.

2. Für die Käsesauce die Sahne in einem Topf zum Kochen bringen. Den Käse entrinden, grob würfeln, in die kochende Sahne geben und mit einem Schneebesen glattrühren. Zum Schluß die Butter mit dem Schneidstab einrühren.

3. Die Bandnudeln in Salzwasser nach Packungsanweisung kochen, dann abgießen. Basilikumblätter von den Stielen streifen, ein paar Blätter zum Dekorieren beiseite legen. Die anderen Blätter grob hacken.

4. Eine vorgewärmte Schüssel mit der gepellten, halbierten Knoblauchzehe ausreiben. Die Nudeln mit Nüssen und Basilikumblättern in die Schüssel schichten. Mit etwas Käsesauce begießen und mit den restlichen Basilikumblättern dekorieren. Restliche Käsesauce dazu servieren.

Zubereitungszeit: 40 Minuten
Pro Portion 32 g E, 63 g F, 74 g KH = 1025 kcal (4291 kJ)

Porree-Lasagne mit Nußkruste

Für 6 Portionen:
1 kg Porree
125 g Butter oder Margarine
Salz
Pfeffer (a. d. Mühle)
Muskatnuß (frisch gerieben)
60 g Mehl
1/4 l Milch
1/4 l Gemüsebrühe
100 g Gouda (im Stück)
200 g Kräuterschmelzkäse
1 Paket TK-8-Kräuter
12 Lasagneblätter (à 10 g)
50 g Haselnußblättchen
etwas Petersilie

1. Porree putzen, waschen und in breite Ringe schneiden. In 40 g zerlassenem Fett 5 Minuten andünsten. Mit Salz, Pfeffer und Muskat würzen. Mit der Schaumkelle herausheben und abtropfen lassen.

2. 60 g Fett zerlassen. Das Mehl darin anschwitzen. Milch und Brühe dazugießen und 5–10 Minuten bei schwacher Hitze kochen lassen, dabei ständig mit dem Schneebesen umrühren. Gouda auf einer Haushaltsreibe raspeln. Zusammen mit dem Schmelzkäse in der Sauce schmelzen lassen. Kräuter unterrühren, mit Salz und Pfeffer würzen.

3. Etwas Sauce in eine gefettete Auflaufform (2 1/2 l Inhalt) geben. Dann die Lasagneblätter, Porree und die restliche Sauce in die Form schichten.

4. Im vorgeheizten Backofen bei 200 Grad (Gas 3, Umluft 175 Grad, nach 25 Minuten eventuell abdecken) auf der 2. Einschubleiste von unten 35–40 Minuten backen. Nach 20 Minuten die Haselnußblättchen darüber streuen und 25 g Fett in Flöckchen darauf setzen. Nach dem Backen 10 Minuten ruhenlassen. Mit Petersilie garnieren.

Zubereitungszeit: 1 Stunde
Pro Portion 18 g E, 38 g F, 27 g KH = 538 kcal (2251 kJ)

PORREE

Die weiß-grünen Stangen haben zweimal im Jahr Saison: in den Frühlings- und Sommermonaten und im Winter. Sommerporree ist schlanker, zarter und milder im Geschmack, Winterporree hat einen dickeren, gedrungeneren Schaft und ein kräftigeres Aroma. Zum Kochen werden nur die weißen und hellgrünen Teile verwendet. Die dunkelgrünen Blätter sind zu derbe und werden allenfalls für Fonds und Saucen genommen. Und bei kaum einem Gemüse fällt beim Putzen mehr Abfall an als beim Porree, etwa vierzig Prozent. Wie seine Verwandte, die Zwiebel, enthält er Vitamin C und Kalium.

Bandnudeln mit Sahnelinsen

Für 4 Portionen:
150 g Linsen
Salz
3 Zwiebeln (180 g)
1 Knoblauchzehe
2 Lorbeerblätter
30 g Butter oder Margarine
300 ml Schlagsahne
70 g Parmesan
Pfeffer (a. d. Mühle)
250 g Bandnudeln
1 El Öl
1 Topf Basilikum

1. Die Linsen mit 1/2 l Wasser aufkochen und zugedeckt 35–40 Minuten bei schwacher Hitze kochen, salzen.

2. Inzwischen Zwiebeln pellen und sehr fein würfeln. Knoblauch pellen und hacken. Beides mit dem Lorbeer in Butter oder Margarine bei nicht zu starker Hitze andünsten.

3. Die Sahne dazugießen und im offenen Topf um etwa ein Drittel einkochen lassen. Den Parmesan raspeln. Ein Drittel davon in der Sauce schmelzen, dann mit Salz und Pfeffer würzen und heiß halten.

4. Die Nudeln in Salzwasser mit Öl nach Packungsanweisung kochen, in einem Sieb abtropfen lassen und mit der Sauce und den Linsen mischen. Basilikumblätter abzupfen und untermischen. Restlichen Parmesan extra reichen.

Zubereitungszeit: 45 Minuten
Pro Portion 26 g E, 39 g F, 66 g KH ≙ 743 kcal (3108 kJ)

REIS

Das beliebte Korn aus China läßt sich so vielseitig zubereiten, wie es weltweit Sorten gibt – über achttausend. Eine kleine Auswahl aus der großen Vielfalt: Reis auf asiatische, italienische und deutsche Art

Reispfanne mit Linsensprossen

Für 4 Portionen:
200 g Langkorn-Naturreis
1/2 l Gemüsebrühe
1 Zwiebel
1 Lorbeerblatt
200 g Möhren
100 g Petersilienwurzel
2 Bund Frühlingszwiebeln
150 g Linsensprossen (a. d. Reformhaus)
1 Knoblauchzehe
3 El Sojasauce
2 El Sherryessig
1 Stück Ingwer (haselnußgroß)
1 El Sesamöl
Salz
Pfeffer (a. d. Mühle)

1. Den Reis erst kalt, dann heiß abbrausen und mit 400 ml Gemüsebrühe aufkochen. Zwiebel im ganzen und Lorbeer dazugeben. Zugedeckt bei milder Hitze 40 Minuten garen, 10 Minuten nachquellen lassen. Zwiebel und Lorbeer entfernen.

2. Inzwischen Möhren und Petersilienwurzel schälen und in sehr feine Streifen schneiden. Die Frühlingszwiebeln schräg in 1 cm dicke Ringe schneiden, dabei nur 1/3 des Grüns verwenden.

3. Die Linsensprossen abbrausen und abtropfen lassen. Den Knoblauch hacken. Die restliche Brühe mit Sojasauce, Essig und dem durchgepreßten Ingwer verrühren.

4. Das Öl im Wok oder einer großen Pfanne erhitzen. Gehackten Knoblauch und Gemüsestreifen unter Rühren 2 Minuten braten. Linsen und Reis dazugeben und 3–4 Minuten mitbraten, vorsichtig rühren.

5. Frühlingszwiebeln unterheben, 1 Minute mitbraten. Die Sojabrühe dazugießen und einmal aufkochen lassen. Mit Salz und Pfeffer abschmecken.

Zubereitungszeit: 1 Stunde
Pro Portion 11 g E, 4 g F, 51 g KH = 293 kcal (1226 kJ)

Spargel-Risotto

Für 4 Portionen:
750 g Spargel
(grün und weiß gemischt)
800 ml Gemüsefond
(a. d. Glas)
60 g Butter
Zucker
1 Zwiebel
250 g Risotto-Reis
50 ml Schlagsahne
50 g Parmesan (geraspelt)
Salz
Pfeffer (a. d. Mühle)
1/2 Bund Basilikum (gehackt)

1. Spargel waschen und schälen. Die Schalen zusammen mit dem Gemüsefond, 10 g Butter und 1 Tl Zucker etwa 15 Minuten kochen. Inzwischen den Spargel schräg in Scheiben schneiden.

2. Spargelfond durch ein Sieb gießen, den Spargel 5 Minuten in der Brühe kochen. Spargel herausheben und zur Seite stellen. Fond mit heißem Wasser auf 3/4 l Flüssigkeit auffüllen und heiß halten.

3. Zwiebel pellen, würfeln und in der restlichen Butter andünsten. Reis dazugeben und ebenfalls andünsten. Den heißen Fond nach und nach angießen, bis die Flüssigkeit verbraucht und der Reis ausgequollen ist.

4. Die Sahne halbsteif schlagen und zusammen mit der Hälfte des Parmesans unter den Risotto heben. Mit Salz und Pfeffer abschmecken. Den Spargel unterheben, mit restlichem Parmesan und Basilikum bestreut servieren.

Zubereitungszeit: 1 Stunde
Pro Portion 15 g E, 21 g F, 56 g KH = 479 kcal (2003 kJ)

Gefüllte Schmorgurken mit Curryreis

Für 4 Portionen:
100 g Rundkornreis
20 g Butterschmalz
2 El Curry
Salz
2 Schmorgurken (à 350 g)
abgeriebene Schale
1/2 unbehandelten Zitrone
1 El frischer Dill
1 Ei
1/4 l Schlagsahne
Cayennepfeffer

200 g Krabbenfleisch
8 Zitronenspalten
1–2 El helles Saucenbindemittel
Zucker
1 El gehackte Petersilie

1. Den Reis im Butterschmalz anrösten, Curry dazugeben. 200 ml Wasser angießen und salzen. Den Reis bei schwacher Hitze 15 Minuten ausquellen lassen.

2. Die Schmorgurken längs halbieren und entkernen. Den lauwarmen Reis mit Zitronenschale, abgezupftem Dill, Ei und 1/8 l Schlagsahne verrühren. Mit Salz und Cayenne abschmecken. 150 g Krabbenfleisch unterheben, in die Gurkenhälften füllen.

3. Die Gurken in eine flache Auflaufform setzen. Restliche Sahne, 1/8 l Wasser und 4 Zitronenspalten hineingeben. Im vorgeheizten Backofen bei 180 Grad (Gas 2–3, Umluft 40 Minuten bei 150 Grad) auf der 2. Einschubleiste von unten 35 Minuten garen.

4. Den Sud abgießen, aufkochen, mit Saucenbindemittel andicken und mit Salz, Zukker und Cayennepfeffer abschmecken. Restliche Krabben unterheben. Die Sauce wieder in die Form geben.

5. Gurken mit Petersilie bestreuen und mit den restlichen Zitronenspalten garnieren.

Zubereitungszeit: 1 1/4 Stunden
Pro Portion 11 g E, 27 g F, 29 g KH = 415 kcal (1737 kJ)

Die Kerne der Schmorgurken werden mit einem Löffel aus dem Fruchtfleisch geschabt. Natürlich können Sie die Krabben auch weglassen. Ersetzen Sie sie dann durch 200 g kräftig angebratene Champignonscheiben.

REIS

1

2

3

4

5

*Reis zählt zu den Getreiden. Im Korninneren befindet sich der Mehlkörper, im Keimling Fett, Vitamine und Mineralstoffe, in der mehrschichtigen Schale Ballaststoffe. Reis wird in seinem ursprünglichen Zustand angeboten und heißt dann Natur- oder Vollkornreis (**1**). Sind Schale und Keimling abgetrennt, sieht Reis weiß aus, und ihm fehlen Vitamine, Mineral- und Ballaststoffe. Reis wird eingeteilt in Langkorn- (**2**), Mittelkorn- (**4**) und Rundkornreis (**5**). Langkornreis kocht körnig. Basmati-Reis (**3**) ist eine Sonderform des Langkornreis: Er hat ganz schmale Körner und einen nussigen Geschmack. Mittelkornreis ist der ideale Risotto-Reis. Er nimmt Flüssigkeit besonders gut auf. Rundkornreis wird beim Kochen weich – optimal für Milchreis.*

Reiscurry mit Aprikosen

Für 4 Portionen:
250 g Langkorn-Naturreis
Salz
200 g Zwiebeln
80 g Butter
400 g Aprikosen
1–2 El Curry (mild)
3 El Apfeldicksaft
40 g Sonnenblumenkerne
20 g Sesamsaat
1 El Zitronenmelisse

1. Reis waschen, in gut 1/2 l Salzwasser aufkochen und etwa 30 Minuten zugedeckt ausquellen lassen.

2. Inzwischen die Zwiebeln pellen und in Längsspalten schneiden. In der Butter zugedeckt ungefähr 10 Minuten dünsten.

3. Die Aprikosen waschen, entsteinen und in Stücke schneiden. Zu den Zwiebeln geben und weitere 5 Minuten dünsten.

4. Curry über Zwiebeln und Aprikosen stäuben, untermischen und mit Apfeldicksaft würzen.

5. Reis unterheben, mit Curry abschmecken und 5 Minuten zugedeckt ziehen lassen.

6. Sonnenblumenkerne und Sesam in einer Pfanne ohne Fett hellbraun rösten und über den Curry streuen. Mit Melisseblättchen garnieren.

Zubereitungszeit: 40 Minuten
Pro Portion 8 g E, 24 g F, 66 g KH = 531 kcal (2224 kJ)

Brokkoli-Risotto mit roten Linsen

Für 4 Portionen:
3 Zwiebeln (180 g)
1 Knoblauchzehe
3 El Olivenöl
1/4–1/2 Tl Sambal oelek
150 g Naturreis oder Rundkornreis (z. B. Avorio)
3/4 l Gemüsebrühe
500 g Brokkoli
150 g rote Linsen
Salz
1 Bund Basilikum

1. Zwiebeln und Knoblauch pellen. Zwiebeln fein würfeln, Knoblauch sehr fein hacken. In 2 El Olivenöl bei schwacher Hitze unter Rühren glasig dünsten. Sambal oelek unterrühren.

2. Den Reis unterrühren, bis er ganz von Fett überzogen ist. Die Gemüsebrühe heiß werden lassen und nach und nach dazugießen, bis der Reis die Flüssigkeit aufgenommen hat. Den Risotto zugedeckt bei schwacher Hitze insgesamt 45 Minuten ausquellen lassen und ab und zu durchrühren.

3. Inzwischen den Brokkoli in Röschen schneiden, größere Röschen zerteilen. Die dünnen Stiele in Scheiben schneiden. Dicke Stiele großzügig schälen und längs vierteln, dann ebenfalls in Scheiben schneiden.

4. Brokkoli und rote Linsen in Salzwasser 3 Minuten kochen und durch ein Sieb abgießen. Unter den noch leicht flüssigen Reis mischen und 2 Minuten durchziehen lassen. Basilikumblätter abzupfen und im restlichen Öl wenden. Unter den Risotto mischen und sofort servieren.

Zubereitungszeit: 1 Stunde
Pro Portion 15 g E, 10 g F, 52 g KH = 365 kcal (1525 kJ)

Champignonpfanne mit Wildreis

Für 4 Portionen:
125 g Wildreismischung
2 Zwiebeln
500 g kleine Champignons
75 g Gruyère
1 Bund Schnittlauch
50 g Kräuterbutter
1 El Öl
200 ml Gemüsebrühe
1 Paket Erbsen (TK, 300 g)
Salz
Pfeffer (a. d. Mühle)

1. Reis nach Packungsanweisung kochen, abtropfen lassen. Zwiebeln pellen und fein würfeln. Champignons putzen und halbieren. Käse grob raspeln. Schnittlauch in Röllchen schneiden.

2. Kräuterbutter und Öl zusammen erhitzen. Zwiebeln und Champignons bei starker Hitze darin anbraten, dabei wenden. Brühe dazugießen und 3–4 Minuten offen einkochen lassen. Reis und Erbsen unterheben und erwärmen. Kräftig salzen und pfeffern.

3. Die Hälfte des Käses unter die Champignonpfanne mischen. Schnittlauch dazugeben. Pilzpfanne mit restlichem Käse bestreuen.

Zubereitungszeit: 30 Minuten
Pro Portion 16 g E, 19 g F, 36 g KH = 387 kcal (1623 kJ)

Die Hälfte des geraspelten Käses wird unter die Reispfanne gerührt: Dadurch schmilzt der Käse und macht das Gericht nicht nur saftiger, sondern auch würziger.

Reisbällchen auf Tomatengemüse

Für 4 Portionen:
200 g Langkorn-Naturreis
Salz
2 Bund Frühlingszwiebeln
2 Eier
80 g Vollkorntoastbrösel
50 g Parmesan (gerieben)
2 Bund Thymian (gehackt)
Pfeffer (a. d. Mühle)
2 El Olivenöl, 500 g Tomaten
2 Knoblauchzehen
30 g Butterschmalz

1. Reis waschen, in knapp 1/2 l Salzwasser aufkochen und ungefähr 30 Minuten zugedeckt ausquellen lassen.

2. Frühlingszwiebeln putzen und gut waschen. Helle Teile in breite, grüne in schmale Ringe schneiden.

3. Den etwas abgekühlten Reis mit Eiern, Bröseln, Parmesan und der Hälfte des Thymians verkneten, mit Salz und Pfeffer würzen.

4. Frühlingszwiebeln im mäßig heißen Öl 5 Minuten zugedeckt dünsten. Tomaten einritzen, kurz überbrühen, abschrecken, häuten und hakken. Tomaten zu den Frühlingszwiebeln geben, mit Salz, Pfeffer und durchgepreßtem Knoblauch würzen. Weitere 5 Minuten dünsten.

5. Inzwischen aus der Reismasse 12 Bällchen formen. Im heißen Butterschmalz mit dem restlichen Thymian von beiden Seiten goldbraun braten. Reisbällchen auf dem Tomatengemüse anrichten.

Zubereitungszeit: 1 Stunde
Pro Portion 16 g E, 20 g F, 60 g KH = 519 kcal (2174 kJ)

FISCH

Steinbeißer, Seeteufel, Lachs und Steinbutt sind nicht nur edel zubereitet ein Genuß, Meeresfische sind auch sehr gesund: Neben hochwertigem Eiweiß, den Vitaminen A, D und E enthalten sie als einzige den Mineralstoff Jod

Steinbeißer in Kerbelsauce

Für 4 Portionen:
750 g Steinbeißerfilet
Salz
1 unbehandelte Zitrone
2 Schalotten
1 große Handvoll Kerbel
100 g Butter
1/8 l Fischfond (a. d. Glas)
1/8 l Schlagsahne
1 Möhre (150 g)
2 Eigelb
weißer Pfeffer (a. d. Mühle)

1. Das Steinbeißerfilet schräg in 8 Stücke schneiden und salzen. Die Zitronenschale fein abraspeln, den Saft auspressen. Die Filets mit 2 El Zitronensaft beträufeln.

2. Die Schalotten pellen und sehr fein würfeln. Ein paar Stiele Kerbel zum Garnieren beiseite legen, den Rest abzupfen und grob hacken.

3. Schalotten und die Hälfte des gehackten Kerbels in 20 g Butter glasig andünsten. Fischfond und Sahne dazugießen und bei mittlerer Hitze ohne Deckel um 1/3 einkochen lassen.

4. Inzwischen die Möhre schälen und in lange, dünne Streifen schneiden.

5. Die Filets in 30 g Butter bei schwacher Hitze von jeder Seite 3 Minuten braten. Die Möhrenstreifen nach dem Wenden dazugeben und mitgaren. Das Eigelb in einer Tasse mit etwas heißem Kerbelfond verquirlen.

6. Kerbelfond vom Herd nehmen, Eigelb unterrühren, unter ständigem Schlagen mit dem Schneebesen vorsichtig erhitzen, bis der Fond cremig ist (nicht kochen lassen).

7. Restliche Butter in Flöckchen unterschlagen. Restlichen gehackten Kerbel und Zitronenschale unterziehen, mit Salz, Pfeffer und Zitronensaft würzen.

8. Die Kerbelsauce auf vorgewärmte Teller geben, Fisch und Möhren darauf anrichten, mit Kerbelblättern garnieren und servieren. Dazu passen junge Kartoffeln.

Zubereitungszeit: 30 Minuten
Pro Portion 31 g E, 35 g F, 4 g KH = 483 kcal (2020 kJ)

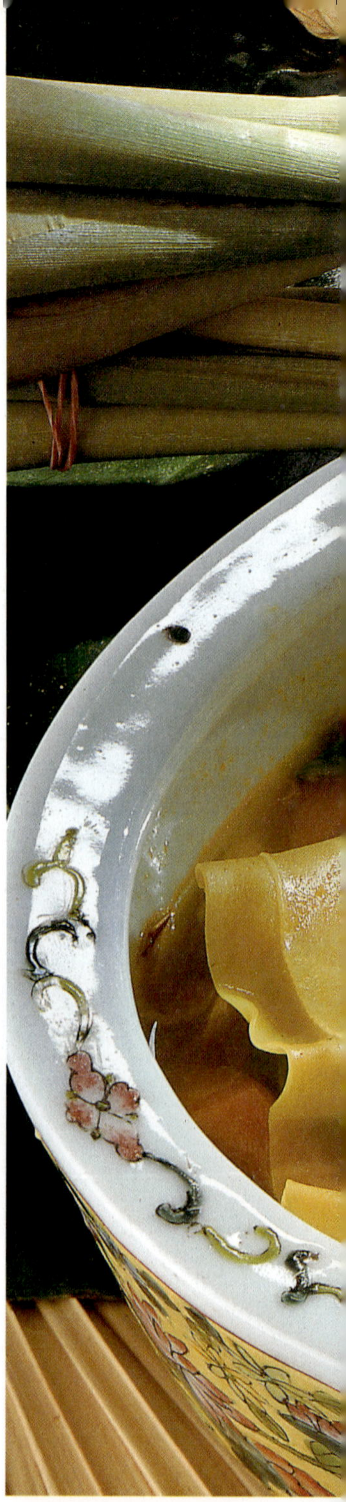

Seeteufel-Medaillons mit geschmolzenen Tomaten

Für 4 Portionen:
750 g Fleischtomaten (mittelgroß)
750 g Blattspinat
650 g Seeteufelfilet
1 Limette
Salz
50 g Pinienkerne
1 kleines Bund Basilikum
100 g Butter
weißer Pfeffer (a. d. Mühle)
40 g Schalotten
2 El Öl

1. Tomaten überbrühen, abschrecken, häuten und die Stielansätze keilförmig herausschneiden. Tomaten in ca. 1 1/2 cm dicke Scheiben schneiden und zur Seite stellen. Spinat verlesen, waschen und tropfnaß im geschlossenen Topf bei milder Hitze zusammenfallen lassen. Zum Abtropfen in einen Durchschlag geben.

2. Seeteufelfilet in 8 Scheiben schneiden. Limettenschale dünn abreiben, Saft auspressen. Limettensaft und -schale mischen und auf den Seeteufel-Medaillons verteilen, salzen. Abgedeckt kalt stellen.

3. Pinienkerne in einer Pfanne ohne Fett bei milder Hitze goldbraun rösten, hacken. Basilikum hacken. Beides mit 30 g weicher Butter verrühren, mit Salz und Pfeffer würzen, beiseite stellen.

4. Schalotten pellen und sehr fein würfeln. 40 g Butter in einer Pfanne zerlassen und die Schalottenwürfel darin glasig andünsten. Blattspinat gut ausdrücken und grob hacken. Restliche Butter in einem Topf schmelzen. Spinat dazugeben, salzen, gut durchmischen und bei milder Hitze zugedeckt erwärmen.

5. Öl in einer zweiten Pfanne erhitzen. Seeteufel-Medaillons mit Küchenpapier trockentupfen und pro Seite 4–5 Minuten im heißen Öl braten. Gleichzeitig Tomatenscheiben in der Schalottenbutter erhitzen (sie dürfen nur heiß werden und nicht zerfallen).

6. Blattspinat auf vorgewärmten Tellern verteilen. Darauf jeweils 2 Seeteufel-Medaillons anrichten. Geschmolzene Tomaten und Pinienkernbutter darauf verteilen.

Zubereitungszeit: 1 Stunde
Pro Portion 32 g E, 36 g F, 9 g KH = 509 kcal (2132 kJ)

Steinbutt-Eintopf mit Auberginen-Wan-Tans

Für 4–6 Portionen:
Eintopf
450 g Steinbuttfilet
400 g Tomaten
10 Stangen Zitronengras (ca. 150 g), 150 g Zwiebeln
3 El Curry, 4 El Olivenöl
1,2 l Fischfond (a. d. Glas)
200 g Zuckerschoten
400 g kleine Bundmöhren
3 rote Chilischoten (à 1 g)
50 g frischer Ingwer, Salz
1 El Zitronensaft
1/2 Handvoll Kerbel

Wan-Tans
150 g Aubergine, Salz
etwas Mehl zum Wenden
4 El Olivenöl, 1 El Sesamöl
2 Stiele Koriandergrün, 1 Ei
12 Wan-Tan-Teigblätter
(TK, 10x10 cm)

1. Steinbuttfilets in 10 gleich große Stücke schneiden und kalt stellen.

2. Tomaten vierteln. Zitronengras in Ringe schneiden. Zwiebeln pellen und würfeln. Zwiebeln, Tomaten und 2/3 vom Zitronengras mit Curry bestäubt im Olivenöl andünsten. Mit Fond auffüllen, aufkochen, vom Herd nehmen und 15 Minuten ziehen lassen. Dann durch ein Mulltuch gießen.

3. Zuckerschoten putzen, halbieren. Möhren putzen, größere längs halbieren, in 3 cm lange Stücke schneiden. Chilischoten längs einschneiden.

4. Für die Wan-Tans Aubergine in 12 Scheiben schneiden, halbieren, salzen und leicht in Mehl wenden. Im Olivenöl auf jeder Seite 2 Minuten braten, abtropfen lassen. Je 2 Auberginenhälften aufeinanderlegen, mit Sesamöl beträufeln und einem Korianderblatt belegen. Jedes Auberginenstück auf ein mit verquirltem Ei bepinseltes Wan-Tan-Blatt legen und fest zu einem Dreieck zusammenfalten.

5. Fond aufkochen, Möhren, restliches Zitronengras, Chili und in Scheiben geschnittenen Ingwer darin 6 Minuten garen. Zuckerschoten dazugeben, mit Salz und Zitronensaft würzen. Nach 2 Minuten Wan-Tans, Kerbel und Fisch hineingeben, Topf von der Herdplatte nehmen, weitere 2 Minuten ziehen lassen. Chili, Ingwer und Zitronengras werden nicht mitgegessen.

Zubereitungszeit: 2 Stunden
Pro Portion (bei 6 Portionen)
18 g E, 16 g F, 19 g KH =
302 kcal (1264 kJ)

ZITRONENGRAS

Das Gras mit dem würzigen Zitronenaroma bekommt man in Asienläden und gut sortierten Gemüse- und Feinkostgeschäften. Es wird nur gewaschen und zerkleinert. Da das Aroma schnell verfliegt: einen Teil mitgaren, den Rest zuletzt frisch dazugeben.

Gurkenpfanne mit Rotbarsch

Für 4 Portionen:
2 Eier
3 El Mayonnaise (50 %)
150 g Vollmilchjoghurt
2 Tl Senf
Salz
Pfeffer (a. d. Mühle)
2 El Zitronensaft
2 El Schnittlauchröllchen
500 g Rotbarschfilet
1 El Worcestershiresauce
650 g Schmorgurken
1 Zwiebel
2 El Mehl
4 El Öl
abgeriebene Schale einer unbehandelten Zitrone
1 Bund Dill

1. Für die Sauce Tatar die Eier hart kochen, pellen und grob hacken. Mayonnaise, Joghurt, Senf, Salz, Pfeffer, 1 El Zitronensaft, gehackte Eier und Schnittlauchröllchen verrühren.

2. Rotbarschfilet würfeln, mit Salz, Pfeffer, 1 El Zitronensaft und der Worcestershiresauce würzen.

3. Gurken schälen, längs halbieren, mit einem Löffel entkernen und in breite Scheiben schneiden. Zwiebel pellen und würfeln. Fischstücke in Mehl wenden und im heißen Öl braten, aus der Pfanne nehmen und warm stellen.

4. Gurken und Zwiebel im Bratfett anbraten, mit Zitronenschale, Salz und Pfeffer würzen. 10 Minuten zugedeckt bei schwacher Hitze garen. Fisch und gehackten Dill unterheben und mit der Sauce Tatar servieren.

Zubereitungszeit: 45 Minuten
Pro Portion 30 g E, 27 g F, 11 g KH = 432 kcal (1811 kJ)

SCHMORGURKEN

Sie werden im August und September auf dem Feld reif. Durch ihre gedrungene Form und ihre gerippte, dicke Schale unterscheiden sie sich von den schlanken, sattgrünen Salatgurken aus dem Treibhaus. Schmorgurken sollten immer geschält werden, weil ihre Schale beim Kochen zäh wird. Sie lassen sich auch roh zubereiten, für Salate oder Rohkost. Die Kerne müssen immer aus dem Fruchtfleisch entfernt werden: die geschälte Gurke halbieren und die Kerne mit einem Löffel herauskratzen. Die kalorienarmen Schmorgurken, nur zehn Kalorien pro hundert Gramm Fruchtfleisch, können bitter schmecken. Deshalb sollte jede Gurke getestet werden: Schneiden Sie am Stielansatz ein Stück ab und kosten. Ist es bitter, muß die Gurke ein Stück gekürzt werden.

Kabeljaufilet auf Möhrenstreifen

Für 4 Portionen:
300 g Möhren
Salz
5 El Olivenöl
2 Kabeljaufilets (600 g)
Pfeffer (a. d. Mühle)
1 Bund Basilikum
1 El abgeriebene Schale einer unbehandelten Zitrone
2 El Zitronensaft

1. Möhren putzen und mit dem Sparschäler in Streifen schneiden. Möhrenstreifen in Salzwasser 2 Minuten blanchieren und abtropfen lassen. Eine ofenfeste Form mit den Möhren auslegen und mit 2 El Olivenöl beträufeln.

2. Kabeljaufilets entgräten, mit Salz und Pfeffer würzen und auf die Möhren setzen. Mit 3 El Olivenöl beträufeln.

3. Im vorgeheizten Backofen bei 200 Grad (Gas 3, Umluft 180 Grad) auf der 2. Einschubleiste von unten 10 Minuten garen.

4. Basilikumblätter abzupfen, in Streifen schneiden, mit der Zitronenschale und dem Zitronensaft über den Fisch geben. Dazu paßt geröstetes Knoblauchbrot.

Zubereitungszeit: 45 Minuten
Pro Portion 27 g E, 13 g F, 4 g KH = 258 kcal (1078 kJ)

Zanderterrine auf Spinatsalat

Für 6 Portionen:
300 g Zanderfilet
Salz
1 El Zitronensaft
1/4 l Schlagsahne
3 El Schnittlauchröllchen
150 g Spinat
100 g Lachsfilet
7 El Öl
2 Tomaten
1 Beet Kresse
2 El Weißweinessig

Lachs einrollen und Terrine einfüllen
Sieht komplizierter aus, als es ist: Die zu einem Rechteck ausgelegten Spinatblätter trockentupfen. Den Lachs an den Rand der Querseite legen und mit Hilfe des Küchentuchs in den Spinat einrollen. Dann die mit Backpapier ausgelegte Form zur Hälfte mit der Zanderfarce füllen. Die Lachs-Spinat-Rolle hineinlegen, die restliche Farce darüber geben, glattstreichen und das Backpapier darüber klappen.

1. Am Vortag den Zander würfeln, kräftig mit Salz und Zitronensaft würzen, 10 Minuten sehr kalt stellen. Mit der ebenfalls eisgekühlten Sahne pürieren. Dabei die Sahne während des Pürierens langsam dazugießen, damit sie von der Farce völlig aufgenommen wird. Den Schnittlauch unterrühren, die Farce wieder sehr kalt stellen.

2. 50 g Spinatblätter mit kochendem Salzwasser überbrühen, abschrecken. Auf einem Tuch zu einem Rechteck von 30x20 cm auslegen, mit einem Küchentuch trockenpressen. Den Lachs salzen und in den Spinat einrollen (siehe Foto oben links).

3. Einen Bogen Backpapier von beiden Seite mit je 1 El Öl einpinseln, in die Form legen. Die Hälfte der Farce einfüllen. Lachs in die Mitte drücken, restliche Farce einfüllen (siehe Foto oben rechts), Papier überklappen. Die Saftpfanne zu zwei Drittel mit kochendem Wasser füllen. Die Terrine im vorgeheizten Backofen bei 175 Grad (Gas 2, Umluft 150 Grad) im Wasserbad auf der 2. Einschubleiste von unten 25 Minuten garen, kalt stellen.

4. Für den Salat Tomaten vierteln, entkernen und würfeln, die Kresse abschneiden. Essig, Salz und restliches Öl verrühren. Mit 100 g Spinat, Tomaten und Kresse mischen.

Zubereitungszeit: 1 Stunde (plus Kühlzeiten)
Pro Portion 15 g E, 28 g F, 3 g KH = 334 kcal (1398 kJ)

Dorschfilet mit Dill-Sabayon

Für 4 Portionen:
1/2 Bund Suppengrün
2 Zwiebeln
Salz, 1 1/2 El Senfkörner
2 Lorbeerblätter
1/2 El Wacholderbeeren
2 Bund Dill
600 g Kartoffeln
4 Stücke Dorschfilet (à 250 g)
3 Eigelb (Gew.-Kl. 2)
1–2 El Zitronensaft
4 El Schlagsahne
30 g Butter oder Margarine

1. Für den Fischsud Suppengrün putzen, Zwiebeln pellen, beides grob zerteilen, mit 1 1/2 El Salz, 1/2 El Senfkörnern, Lorbeer, Wacholder und 1 Bund Dill in 2 l Wasser aufkochen. Den Sud bei schwacher Hitze ohne Deckel 30 Minuten kochen lassen.

2. Inzwischen Kartoffeln mit der Schale 20 Minuten kochen. Die restlichen Senfkörner im Mörser zerdrücken (oder im Mixer grob zerkleinern). Den restlichen Dill abzupfen und grob hacken. Die Kartoffeln pellen.

3. Fischstücke auf der ausgeschalteten Herdplatte im Fischsud zugedeckt in 10–12 Minuten gar ziehen lassen.

4. Während der Fisch gart, für den Sabayon Eigelb, 1 Prise Salz, 1 El Zitronensaft und 1/8 l durchs Sieb gegossenen Fischsud mit dem Schneebesen verrühren (am besten in einer Sauteuse). Langsam bis fast zum Siedepunkt erhitzen, aber nicht kochen lassen, dabei ständig mit dem Schneebesen schlagen. Sahne und Dill unterrühren. Den Sabayon mit restlichem Zitronensaft abschmecken und salzen.

5. Gleichzeitig die Butter oder Margarine in einer Pfanne schmelzen, die restlichen zerstoßenen Senfkörner unterrühren. Die Kartoffeln darin schwenken und salzen.

6. Die Senfkorn-Kartoffeln mit abgetropftem Dorschfilet und Dill-Sabayon auf vorgewärmten Tellern servieren.

Zubereitungszeit: 45 Minuten
Pro Portion 50 g E, 17 g F, 20 g KH = 453 kcal (1893 kJ)

Matjessalat mit Tomatensauce

Für 4–6 Portionen:
1 kg Kartoffeln
Salz
3 rote Zwiebeln
1/2 Glas Cornichons
(190 g Abtropfgewicht)
8 Matjesfilets (à 80 g)
1–2 Tl grüne Pfefferkörner
(eingelegt)
60 g brauner Zucker
1/8 l Tomatensaft
4 El Rotweinessig
4 El Ketchup
1 Bund Schnittlauch

1. Kartoffeln schälen und würfeln, in Salzwasser 10 Minuten kochen, herausnehmen und abtropfen lassen. Zwiebeln pellen und in feine Ringe schneiden.

2. Cornichons abtropfen lassen und schräg in Scheiben schneiden. Matjesfilets schräg in Streifen schneiden. Pfefferkörner abbrausen und grob hacken.

3. Zucker in einem Topf karamelisieren lassen. Mit Tomatensaft ablöschen und so lange rühren, bis sich der Karamel vollständig gelöst hat. Essig, Ketchup und grünen Pfeffer dazugeben und eventuell mit Salz würzen.

4. Kartoffeln, Cornichons, Matjes und Zwiebeln vorsichtig mit der Sauce mischen und in einer Schüssel anrichten. Schnittlauch in Röllchen schneiden, darüber streuen.

Zubereitungszeit: 50 Minuten
Pro Portion (bei 6 Portionen)
21 g E, 24 g F, 36 g KH =
466 kcal (1950 kJ)

MEERESFISCHE

Kabeljau, Steinbutt, Rotbarsch und Hering enthalten einen Mineralstoff, der nur in Meeresfischen enthalten ist: Jod. Selbst durch jodiertes Speisesalz und Trinkwasser läßt sich der Tagesbedarf nicht decken. Deshalb raten Ernährungsexperten, ein- bis zweimal pro Woche Seefisch zu essen. Jod reguliert die Schilddrüsenfunktion und beugt Kropfbildung vor. Außerdem sind Seefische reich an hochwertigem und leichtverdaulichem Eiweiß. Fettreiche Fische wie Aal, Hering und Makrele enthalten außerdem viel Vitamin A, D, E sowie ungesättigte Fettsäuren, speziell die Omega-3-Fettsäure. Sie soll vor Herzinfarkt schützen.

Ausgebackenes Schellfischfilet mit Rhabarber

Für 4 Portionen:
1 Ei
125 g Mehl
2 Tl Speisestärke
Salz
500 g Rhabarber
Zucker
150 g rote Zwiebeln
2 kleine rote Peperoni
5 g frischer Ingwer
1 Limette
1 Topf Koriandergrün
600 g Schellfischfilet
weißer Pfeffer (a. d. Mühle)
1/4 l Öl
30 g Butter oder Margarine
1/8 l trockener Weißwein
1/8 l Gemüsefond (a. d. Glas)

1. Ei, Mehl, 1 Tl Speisestärke und 1 Prise Salz mit 150 ml eiskaltem Wasser zu einem glatten Teig verrühren. Den Teig etwa 30 Minuten zugedeckt bei Zimmertemperatur ausquellen lassen.

2. Inzwischen den Rhabarber putzen und in kleine Würfel schneiden. Die Hälfte davon mit 1/8 l Wasser und 1 Tl Zucker etwa 5 Minuten im offenen Topf kochen lassen. Mit dem Schneidstab des Handrührers pürieren und durch ein feines Sieb streichen.

3. Zwiebeln pellen, Peperoni längs halbieren und entkernen, Ingwer schälen, alles getrennt fein würfeln. Limette mit einem Sparschäler dünn abschälen, die Schale in feine Streifen schneiden. Koriander von den Stielen zupfen.

4. Das Fischfilet in 12 gleich große Stücke schneiden, die Stücke pfeffern und mit 3 El Limettensaft beträufeln. 5 Minuten ziehen lassen.

5. Das Öl in einer großen Pfanne erhitzen, die Fischstücke salzen, in den Teig tauchen und unter mehrmaligem Wenden 3 Minuten in dem heißen Öl ausbacken. Herausnehmen und etwa 5 Minuten auf Küchenpapier abtropfen und auskühlen lassen.

6. Anschließend wieder in das heiße Öl geben und in weiteren 3 Minuten goldbraun backen. Herausnehmen, kurz auf Küchenpapier abtropfen lassen und im Backofen warm halten.

7. Butter oder Margarine in einer großen Pfanne erhitzen, Zwiebeln, Peperoni und Ingwer darin glasig dünsten. Das Rhabarberpüree und die Limettenschale dazugeben. Mit Weißwein und dem Gemüsefond ablöschen und etwa 5 Minuten ohne Deckel zu einer sämigen Sauce einkochen lassen.

8. Die restliche Speisestärke mit etwas Wasser glattrühren und zu der Sauce geben. Zum Schluß die Rhabarberwürfel und die Korianderblätter untermischen. Mit Zucker, Pfeffer und Salz würzen und 1–2 Minuten kochen lassen. Mit den knusprigen Fischstücken servieren. Dazu paßt Reis.

Zubereitungszeit: 1 1/2 Stunden
Pro Portion 33 g E, 38 g F, 32 g KH = 633 kcal (2645 kJ)

SÜSSE HAUPTGERICHTE

Eiskrapfen, Pfirsichquark und Himbeergrütze erfrischen so richtig an heißen Sommertagen, Mohnbuchteln, Kirschauflauf und Hefeplinsen schmecken auch bei kühleren Temperaturen wunderbar

Eiskrapfen

Für 6 Portionen:
1 Paket Pfirsicheis
(1000 ml, fertig gekauft)
40 g weiche Butter
45 g Zucker
1 Päckchen Vanillinzucker
2 Eier (Gew.-Kl. 3)
100 g Schmand
225 g Mehl, 1 Tl Backpulver
250 g Erdbeeren
Mehl zum Ausrollen
2 kg Fett, Puderzucker

1. Mit einem Eisportionierer 6 Kugeln Eis ausstechen (übriges Eis anderweitig verwenden). Nebeneinander auf ein Tablett legen, so lange einfrieren, bis sie ganz hart sind.

2. Butter mit 30 g Zucker und Vanillinzucker schaumig rühren. 1 Ei, Schmand, Mehl und Backpulver dazugeben, zu einem glatten Teig verarbeiten, 30 Minuten ruhenlassen.

3. Erdbeeren waschen. 6 Erdbeeren mit dem Grün halbieren, beiseite legen. Die restlichen putzen, halbieren und mit restlichem Zucker pürieren. Durch ein feines Sieb streichen und kalt stellen.

4. Den Teig in 6 gleich große Stücke teilen. Ein Stück auf der mit Mehl bestäubten Arbeitsfläche zu einem Quadrat von 20x20 cm ausrollen. Das restliche Ei mit 1 El Wasser verquirlen und das Quadrat dünn damit bepinseln.

5. 1 tiefgefrorene Eiskugel in die Mitte der unteren Teighälfte setzen. Die obere Teighälfte über das Eis legen und rund um die Kugel festdrücken. Einen 1 cm breiten Rand stehenlassen, den übrigen Teig abschneiden. Den Teigrand mit einer Gabel fest zusammendrücken. Wichtig: Der Teig muß rundherum völlig unversehrt sein, damit das Eis beim Backen nicht ausläuft! Eiskrapfen sofort einfrieren. Die restlichen 5 Eiskrapfen genauso herstellen und mindestens 1 Stunde einfrieren.

6. Fett in einer Friteuse oder in einem breiten Topf auf 200 Grad erhitzen. Nacheinander die Krapfen goldbraun backen, auf Küchenpapier legen. Krapfen mit Erdbeerpüree und Erdbeeren anrichten, mit Puderzucker bestäuben.

Zubereitungszeit: 1 Stunde
(plus Gefrierzeiten)
Pro Portion 8 g E, 24 g F, 48 g KH =
452 kcal (1893 kJ)

Mohnbuchteln mit Beerenkompott

Für 4 Portionen:
50 g Mohn
400 ml lauwarme Milch
30 g Hefe
375 g Mehl
und Mehl zum Bearbeiten
50 g Zucker
1 Ei, Salz
75 g weiche Butter
oder Margarine
500 g Erdbeeren
250 g Heidelbeeren
200 ml roter
Johannisbeersaft
100 g Erdbeerkonfitüre
1 El Speisestärke
3 El Mandellikör
1 El Puderzucker

1. Mohn etwa 15 Minuten in 100 ml Milch quellen lassen.

2. Die Hefe in 175 ml Milch auflösen, mit Mehl, 25 g Zukker, eingeweichtem Mohn, Ei, 1 Prise Salz und 50 g Butter oder Margarine zu einem glatten Teig verkneten. Den Teig zu einer Kugel formen, in eine Schüssel legen und zugedeckt an einem warmen Ort 25 Minuten gehen lassen.

3. Den Teig noch einmal gut durchkneten und auf der bemehlten Arbeitsfläche und mit bemehlten Händen 16 gleich große Kugeln daraus formen.

4. Die Kugeln dicht nebeneinander in eine Auflaufform (2 l Inhalt) setzen.

5. 125 ml Milch, 25 g Zucker und 25 g Butter oder Margarine in einem Topf erhitzen und über die Kugeln gießen.

6. Die Buchteln im vorgeheizten Backofen bei 200 Grad (Gas 3, Umluft 175 Grad) auf der 2. Einschubleiste von unten 30–35 Minuten backen (evtl. nach 20 Minuten mit Alufolie oder einem Deckel abdecken).

7. Inzwischen für das Kompott die Beeren putzen, waschen, gut abtropfen lassen. Große Erdbeeren vierteln.

8. Den Saft mit der Konfitüre aufkochen. Die Stärke mit dem Likör verrühren, den Saft damit binden. Zum Schluß die Beeren unterheben.

9. Die Buchteln aus der Form nehmen, beim Anrichten mit Puderzucker bestäuben, mit Beerenkompott servieren.

Zubereitungszeit: 1 1/4 Stunden
(plus Zeit zum Gehen des Teiges)
Pro Portion 22 g E, 28 g F, 140 g KH = 929 kcal (3885 kJ)

Buchteln formen
Der Hefeteig läßt sich so ganz einfach zu gleich großen Klößen portionieren: Den durchgekneteten Hefeteig zu einer Rolle formen und mit einem scharfen Messer in 16 Scheiben schneiden. Dann aus jeder Scheibe eine Buchtel rollen.

Pfirsichquark

Für 3–4 Portionen:
5 Pfirsiche
2–3 El Zitronensaft
3 Eigelb
40 g Puderzucker
6 Blatt weiße Gelatine
250 g Sahnequark
200 g Schlagsahne
etwas Zitronenmelisse

1. 4 Pfirsiche kurz in kochendes Wasser tauchen, abschrecken, häuten, halbieren, entsteinen und mit dem Zitronensaft pürieren.

2. Eigelb mit Puderzucker schaumig rühren. Gelatine in kaltem Wasser einweichen, ausdrücken und tropfnaß bei milder Hitze in einem kleinen Topf unter Rühren auflösen.

3. Pfirsichpüree, Gelatine und Quark mit den Quirlen des Handrührers unter die Eigelbmasse rühren. Creme zugedeckt 30 Minuten kalt stellen.

4. Sahne steif schlagen und unterheben. Dann nochmals 30 Minuten kalt stellen. Den restlichen Pfirsich waschen, halbieren, entsteinen, in Spalten schneiden. Die Creme mit Pfirsichspalten und Zitronenmelisse garnieren.

Zubereitungszeit: 25 Minuten
(plus 1 Stunde Kühlzeit)
Pro Portion (bei 4 Portionen)
14 g E, 28 g F, 28 g KH =
432 kcal (1808 kJ)

PFIRSICHE

Die süßen Steinfrüchte mit der Samthaut stammen aus China, wo sie bereits vor viertausend Jahren bekannt waren. Heute werden sie vorwiegend rund ums Mittelmeer kultiviert. Pfirsiche wirken wegen ihres hohen Kaliumgehaltcs entschlackend und sind reich an Carotin und Vitamin A. Die Nektarine ist eine Kreuzung aus Pfirsich und Pflaume: Sie hat das gelbe, aromatische Fruchtfleisch des Pfirsichs und die glatte Haut der Pflaume.

Hefeplinsen mit Himbeermark

Für 3–4 Portionen:
1/4 l Milch
30 g Zucker
20 g Hefe
2 Eigelb (Gew.-Kl. 3)
Salz
150 g Mehl
250 g Himbeeren (TK)
50 g Puderzucker
1 El Crème fraîche
2–3 El Öl
etwas Zironenmelisse

1. Milch (bis auf 2 El), Zucker, Hefe, Eigelb und 1 Prise Salz verrühren, zum Mehl geben. Alles mit den Knethaken des Handrührers verarbeiten. Den Teig an einem warmen Ort ungefähr 30 Minuten gehen lassen, bis er Blasen wirft.

2. Himbeeren auftauen lassen, mit 30 g Puderzucker pürieren und durch ein Sieb streichen. Crème fraîche mit 2 El Milch und 10 g Puderzucker verrühren.

3. Hefeteig durchkneten und im heißen Öl bei mittlerer Hitze 12 kleine Plinsen daraus backen. Mit dem Himbeerpüree auf Portionstellern anrichten. Mit einem kleinen Löffel je einen Streifen Crème fraîche in das Himbeerpüree laufen lassen und mit einem Holzstäbchen kleine Muster hineinmalen. Die Plinsen mit restlichem Puderzucker bestäuben und mit Melisseblättchen garnieren, sofort servieren. Dazu paßt Zitroneneis (aus der Packung).

Zubereitungszeit: 1 Stunde
Pro Portion (bei 4 Portionen)
10 g E, 13 g F, 54 g KH =
386 kcal (2631 kJ)

Kirsch-Quark-Auflauf

Für 4 Portionen:
1 Glas Schattenmorellen
75 g Butter, 50 g Zucker
Mark von 1 Vanilleschote
5 Eier (getrennt)
3 El Rum, 500 g Magerquark
1 Paket Vanille-Puddingpulver
Salz
Fett für die Form
50 g Cornflakes
1 Paket Vanillesauce
(ohne kochen)

1. Kirschen auf einem Sieb abtropfen, den Saft auffangen. 50 g Butter mit Zucker und ausgekratztem Vanillemark schaumig rühren. Eigelb, Rum, Quark und Puddingpulver unterrühren. Eiweiß mit 1 Prise Salz steif schlagen, mit den Kirschen unter die Quarkmasse heben.

2. Auflaufmasse in eine gefettete Form füllen. Cornflakes darüber streuen, die restliche Butter als Flöckchen darauf setzen. Auflauf im vorgeheizten Backofen bei 175 Grad (Gas 2, Umluft 150 Grad) auf der 2. Einschubleiste von unten 45 Minuten backen. 1/4 l Kirschsaft mit dem Saucenpulver verrühren und dazu servieren.

Zubereitungszeit: 1 Stunde
Pro Portion 29 g E, 27 g F, 57 g KH = 628 kcal (2631 kJ)

KIRSCHEN

Sie werden eingeteilt in Süß- und Sauerkirschen. Dabei unterscheiden sie sich nicht durch ihren Gehalt an Fruchtzucker, sondern durch ihren Gehalt an Fruchtsäure. Sauerkirschen sind deshalb nicht so sehr zum Rohessen geeignet. Die beliebteste Sauerkirsche ist die spät reifende Schattenmorelle. Süßkirschen sind früher reif und schmecken am besten direkt vom Baum.

Quarkknödel mit Erdbeerkompott

Für 4–6 Portionen:
5 Scheiben Weizentoastbrot
1 Vanilleschote
1 Ei (Gew.-Kl. 2)
30 g weiche Butter
250 g Magerquark
30 g Mehl
1 El Zitronensaft
Salz
500 g Erdbeeren
500 ml Apfelsaft
100 ml Grenadine
(Granatapfelsirup)
2 gestr. El Speisestärke
20 g Amaretti
(ital. Bittermandelmakronen)
200 g Zucker
Puderzucker
Zitronenmelisse

1. Toastbrot entrinden und in 1/2 cm große Würfel schneiden. Vanilleschote längs halbieren, das Mark herausschaben und die Schote aufbewahren. Das Ei verquirlen.

2. Butter mit den Quirlen des Handrührers schaumig schlagen, bis sie weiß wird. Das Ei nach und nach dazugeben. Quark, Vanillemark, Mehl, Zitronensaft und 1 Prise Salz unterrühren, zum Schluß die Toastwürfel mit einem Holzlöffel gleichmäßig untermischen. Masse 1 Stunde zum Ausquellen kühl stellen.

3. Erdbeeren putzen, waschen und halbieren. Apfelsaft mit Grenadine aufkochen, Speisestärke mit 2 El kaltem Wasser verrühren, einrühren und 5 Minuten bei milder Hitze kochen lassen. Das Ganze etwas abkühlen lassen, dann die Erdbeeren dazugeben und kühl stellen.

4. Amaretti zwischen Klarsichtfolie legen und mit einer Kuchenrolle zerbröseln.

5. 2 l Wasser mit Zucker und der Vanilleschote aufkochen. Aus der Quarkmasse 12 Knödel formen. Knödel in das leicht sprudelnde Wasser gleiten lassen und darin 12 Minuten ziehen (nicht kochen!) lassen, dabei ab und zu wenden.

6. Knödel mit einer Schaumkelle herausnehmen, mit den Amarettibröseln bestreuen und mit Puderzucker bestäuben. Erdbeerkompott auf Tellern anrichten, Quarkknöde 222223l darauf setzen und mit Melisse garnieren.

Zubereitungszeit: 1 1/2 Stunden
Pro Portion (bei 6 Portionen)
10 g E, 8 g F, 50 g KH = 315 kcal (1317 kJ)

Trauben-Risotto

Für 3–4 Portionen:
60 g Zucker
30 g Butter
200 g Rundkornreis
1/8 l Weißwein
Salz
250 g grüne Trauben
250 g blaue Trauben
50 g Pinienkerne
(ersatzweise Mandelstifte)
1/8 l Schlagsahne
1 unbehandelte Zitrone

1. Zucker in einem Topf mit dickem Boden goldbraun karamelisieren. Topf von der Herdplatte nehmen, Butter dazugeben und unter Rühren darin schmelzen.

2. Reis unterrühren, mit Weißwein und 1/4 l Wasser auffüllen, 1 Prise Salz dazugeben. Reis zugedeckt bei milder Hitze etwa 20 Minuten quellen lassen. Dabei immer wieder umrühren.

3. Inzwischen Trauben heiß abspülen und entkernen. Pinienkerne in einer Pfanne ohne Fett goldbraun rösten.

4. Sahne und Trauben zum Reis geben, kurz aufkochen lassen. Zitrone heiß abspülen, einige Scheiben zum Garnieren abschneiden. Zitrone auspressen. Trauben-Risotto mit Zitronensaft abschmecken und mit Zitronenscheiben und Pinienkernen portionsweise anrichten.

Zubereitungszeit: 50 Minuten
Pro Portion (bei 4 Portionen)
7 g E, 20 g F, 77 g KH = 541 kcal (2262 kJ)

Himbeergrütze mit Schneeklößen

Für 3–4 Portionen:
1/4 l Weißwein
400 ml Himbeersirup
50 g Speisestärke
500 g Himbeeren (TK)
2 El Essig
1 Eiweiß
1 El Zucker
etwas Zitronenmelisse

1. Wein, 200 ml Wasser und Sirup in einem Topf aufkochen. Stärke mit 50 ml Wasser anrühren, zum Wein geben und unter Rühren kochen, bis die Flüssigkeit klar geworden ist. In eine Schüssel füllen. Gefrorene Himbeeren untermischen, kalt stellen.

2. 2 l Wasser mit dem Essig zum Kochen bringen. Eiweiß und Zucker mischen und zu steifem Schnee schlagen, mit Hilfe von 2 Teelöffeln Klößchen abstechen, ins Wasser setzen und zugedeckt 5 Minuten ziehen lassen. Mit einer Schaumkelle herausnehmen und auf Küchenpapier setzen. Schneeklößchen abgetropft zur Himbeergrütze servieren. Mit Zitronenmelisse garnieren.

Zubereitungszeit: 45 Minuten
Pro Portion (bei 4 Portionen)
3 g E, 0 g F, 88 g KH = 369 kcal (1545 kJ)

HIMBEEREN

Die zarteste unter den Sommerfrüchten ist empfindlich und wasserscheu: Himbeeren sollten deshalb nach dem Kauf sofort verbraucht und nicht gewaschen werden. Die Beeren werden sonst matschig und verlieren Saft, ihre Form und vor allem ihr feines Aroma. Wie die Erdbeeren zählen Himbeeren zu den Rosengewächsen. Ihre Blüten sehen aus wie kleine Heckenrosen. Besonders gut schmecken Himbeeren als Püree zu Cremes, Mousses oder Eis. Dazu die Früchte pürieren und durch ein Sieb passieren, damit die kleinen Kerne entfernt werden. Durch einen Spritzer Zitronensaft wird ihr Fruchtaroma sogar noch feiner.

Gratinierte Pfannkuchen

Für 6–8 Portionen:
150 g getrocknete Aprikosen
300 ml trockener Weißwein
350 ml Milch, Salz
Zucker, 125 g Mehl
2 Eier (Gew.-Kl. 3)
8 El Öl
500 g Magerquark
150 g Crème fraîche
200 g Zucker
2 Vanilleschoten
2 Eigelb (Gew.-Kl. 3)
Fett für die Form
100 ml Schlagsahne
1 kg Erdbeeren

1. Am Vortag die Aprikosen halbieren und im Wein einweichen. Die Milch mit je 1 Prise Salz und Zucker und dem Mehl verquirlen und 20 Minuten ausquellen lassen. Die Eier unterschlagen. In je 1 El Öl 8 dünne Pfannkuchen auf jeder Seite 2–3 Minuten backen, dann zwischen Frischhaltefolie stapeln.

2. Am nächsten Tag die Aprikosen abgießen und den Wein auffangen. Den Quark mit Crème fraîche, 100 g Zucker, 1 Prise Salz, ausgekratztem Vanillemark und Eigelb verrühren.

3. Jeweils 2 El Quark und ein paar Aprikosen auf den Pfannkuchen verteilen, die Pfannkuchen zu Vierteln überklappen und in eine gefettete Gratinform legen.

4. Den restlichen Quark mit der Schlagsahne verrühren, über die Pfannkuchen gießen. Im vorgeheizten Backofen bei 200 Grad (Gas 3, Umluft 190 Grad) auf der 2. Einschubleiste von unten 20–25 Minuten überbacken.

5. Inzwischen die Erdbeeren waschen, putzen, die größeren Früchte eventuell halbieren und im Aprikosenwein ziehen lassen. Mit den Pfannkuchen auf Portionstellern anrichten und mit dem restlichen Zucker bestreuen.

Zubereitungszeit: 1 1/2 Stunden
(plus Einweichzeit für die Aprikosen)
Pro Portion (bei 8 Portionen)
17 g E, 26 g F, 62 g KH =
589 kcal (2464 kJ)

ERDBEEREN

Die beliebteste unter den Beeren wird inzwischen auch außerhalb der Saison im Juni und Juli bei uns angeboten. Aber diese Erdbeeren sind teuer und schmekken wäßrig und fade, weil sie weite Transportwege hinter sich haben und unreif geerntet werden. Deshalb lohnt es, heimische, sonnengereifte Erdbeeren einzufrieren und bei Bedarf aufzutauen. Sie sollten mit etwas Zucker bestreut auf Eis gelegt werden, so bleibt ihr Vitamin C erhalten.

MENÜVORSCHLÄGE

Aus der Vielzahl der Rezepte haben wir einige Gerichte

RAFFINIERTES MENÜ

VORSPEISE Seite 22

VORSPEISE
Die feine Gemüse-Bouillabaisse wird mit Orangensaft gewürzt und mit geröstetem Baguette serviert.

HAUPTGANG
Süß-pikant: Reiscurry mit Aprikosen und Apfeldicksaft verfeinert.

DESSERT
Schmeckt warm und kalt: Quarkknödel mit Erdbeerkompott.

HAUPTGANG Seite 124

DESSERT Seite 144

KALORIENARMES MENÜ

VORSPEISE Seite 28

DESSERT Seite 146

HAUPTGANG Seite 48

VORSPEISE
Besonders an heißen Tagen ist die kalte Tomatensuppe mit Schafskäse ein schlanker Genuß.

HAUPTGANG
Die Kohlrabi sind mit Spinat gefüllt und mit Käse überbacken. Dazu gibt´s eine milde Safransauce.

DESSERT
Erfrischend und fruchtig: Himbeergrütze mit Schneeklößchen.

MENÜ, DAS SICH VORBEREITEN LÄSST

VORSPEISE Seite 42

VORSPEISE
Rot-grün und edel: Tomaten-Spinat-Mousse mit Spargelsalat.

HAUPTGANG
Rouladen mal anders: Chinakohlblätter gefüllt mit Buchweizen und Steinpilzen, serviert mit Meerrettichsauce.

DESSERT
Luftige Mohnbuchteln mit Beerenkompott.

HAUPTGANG Seite 100

DESSERT Seite 140

PREISWERTES MENÜ

VORSPEISE Seite 62

HAUPTGANG Seite 85

DESSERT Seite 141

VORSPEISE
Hauchdünner Pizzateig mit Fenchel und getrockneten Tomaten.

HAUPTGANG
Asiatisch: Möhrencurry mit roten Linsen, Mandeln und Chili.

DESSERT
Cremig, fruchtig, frisch: Pfirsichquark mit Zitronensaft und Sahne aromatisiert.

zu Menüs zusammengestellt. Wählen Sie – je nach Anlaß!

FRÜHLINGSMENÜ

DESSERT Seite 146

VORSPEISE
Knackiger Salat aus grünem und weißem Spargel, Zuckerschoten, Bundmöhren und Quarknockerln.

HAUPTGANG
Heiß aus dem Ofen: Champignon-Zucchini-Auflauf.

DESSERT
Kombination aus heiß und kalt: gratinierte Pfannkuchen mit Erdbeeren.

VORSPEISE Seite 12

HAUPTGANG Seite 64

SOMMERMENÜ

VORSPEISE Seite 34

DESSERT Seite 142

HAUPTGANG Seite 97

VORSPEISE
Ein Hauch von Luxus: Artischocken mit Kräuter-Käse-Dip.

HAUPTGANG
Safranklöße auf Tomatenmus und Brechbohnen belasten den Magen nicht.

DESSERT
Plinsen aus lockerem Hefeteig serviert mit Himbeermark und Zitroneneis.

HERBSTMENÜ

VORSPEISE Seite 54

VORSPEISE
Raffiniert: Schnittlauch-Crêpes mit gebratenen Steinpilzen gefüllt.

HAUPTGANG
Herbst pur: Steckrübeneintopf mit Walnüssen, Dinkel und Tofuklößen.

DESSERT
Letzte Erinnerung an den Sommer: Kirsch-Quark-Auflauf mit Fruchtsauce.

HAUPTGANG Seite 30

DESSERT Seite 142

WINTERMENÜ

VORSPEISE Seite 25

HAUPTGANG Seite 53

DESSERT Seite 138

VORSPEISE
Außergewöhnlich gut: Mangold-Kokos-Suppe mit Kurkuma.

HAUPTGANG
Herzhaft: mit Weißkohl gefüllte Paprikaschoten und Pfifferlingssauce.

DESSERT
Kommt aus der Kälte und wird heiß serviert: fritierte Eiskrapfen.

RUSTIKALES BUFFET

Streßfrei zehn Freunde zu bewirten, das ist kein Problem mit diesem herzhaften Buffet. Und wer nicht mehr als zwei Stunden am Stück in der Küche wirbeln möchte, bereitet den Zwiebelkuchen und den Soja-Grünkern-Braten schon am Vortag zu

GRÜNER KARTOFFELSALAT
FELDSALAT MIT MANGO
SOJA-GRÜNKERN-BRATEN
MIT SENF-DIP
KARTÄUSER KLÖSSE
MIT VANILLESAUCE

RUSTIKALES BUFFET

Zwiebelkuchen

Für 12 Stücke:
30 g Hefe
250 g Grahammehl (fein)
3 El Öl
1 gestrichener Tl Salz
4 Gemüsezwiebeln (à 300 g)
60 g Butter
1 El Kümmel
Pfeffer (a. d. Mühle)
200 g Crème fraîche
3 Eier
Fett für die Form
Mehl zum Bearbeiten
60 g Parmesan
(frisch gerieben)

1. Die Hefe in 140 ml lauwarmem Wasser auflösen und das Mehl unterrühren.

2. Öl und Salz dazugeben und mit den Knethaken des Handrührers zu einem glatten Teig verkneten. Zugedeckt 20–25 Minuten gehen lassen.

3. Inzwischen die Zwiebeln pellen, vierteln, dann in Streifen schneiden und in der Butter glasig dünsten. Kümmel und 10 El Wasser dazugeben und zugedeckt 10 Minuten dünsten. Kräftig mit Salz und Pfeffer würzen.

4. Crème fraîche mit den Eiern verquirlen und mit Salz und Pfeffer kräftig würzen.

5. Eine große Quicheform einfetten. Den Teig auf der bemehlten Arbeitsfläche entsprechend der Form ausrollen, in die Form drücken und den Rand geradeschneiden.

6. Den Teig mit einer Gabel mehrfach einstechen. Erst die Zwiebelmasse, dann die Crème fraîche darauf verteilen und mit geriebenem Parmesan bestreuen. Im vorgeheizten Backofen bei 200 Grad (Gas 3, Umluft 200 Grad) auf der 2. Einschubleiste von unten 30–40 Minuten backen.

Zubereitungszeit: 1 Stunde
Pro Portion 7 g E, 22 g F, 21 g KH = 317 kcal (1326 kJ)

Dreierlei Crostini

Für etwa 16 Stücke:
1 italienisches Weißbrot
10 El Olivenöl
Zucchini-Crostini
3 kleine Zucchini
1 Zwiebel
2–3 Knoblauchzehen
5–6 El Olivenöl
Salz
Pfeffer (a. d. Mühle)
50 g Schafskäse
Champignon-Crostini
1 Zwiebel
300 g weiße Champignons
5–6 El Olivenöl
Saft einer halben Zitrone
1 Bund Petersilie
Salz
Pfeffer (a. d. Mühle)
Tomaten-Crostini
8 Tomaten (à 50 g)
5–6 El Olivenöl
Salz, Pfeffer (a. d. Mühle)
Zucker
1/2 Bund Basilikum

1. Das Weißbrot in gut 1 cm dicke Scheiben schneiden. Das Olivenöl auf einem Backblech verstreichen. Das Brot darauf geben und im vorgeheizten Backofen bei 250 Grad (Gas 5, Umluft 250 Grad) auf der 2. Einschubleiste von unten von jeder Seite 3–4 Minuten goldbraun und knusprig backen.

2. Für die Zucchini-Crostini die Zucchini fein würfeln. Zwiebel pellen und fein würfeln. Knoblauch pellen und durchpressen. Das Öl erhitzen. Zwiebeln, Knoblauch und Zucchini darin 1–2 Minuten dünsten, mit Salz und Pfeffer würzen, herausnehmen und auf ein Drittel der Brotscheiben geben. Den Schafskäse zerbröseln und auf die Crostini streuen.

3. Für die Champignon-Crostini die Zwiebel pellen und fein würfeln. Die Champignons waschen, putzen und in dünne Scheiben schneiden. Das Öl erhitzen, die Zwiebeln und die Champignons darin 1–2 Minuten andünsten. Mit Zitronensaft, gehackter Petersilie, Salz und Pfeffer würzen. Herausnehmen, die Champignons auf ein Drittel der Brotscheiben geben.

4. Für die Tomaten-Crostini die Tomaten über Kreuz einritzen, kurz überbrühen, herausnehmen und häuten. Die Tomaten vierteln, entkernen, in größere Würfel schneiden und im Öl wenden. Mit Salz, Pfeffer und 1 Prise Zucker würzen. Auf ein Drittel der Brotscheiben geben. Das Basilikum hacken und auf die Crostini streuen. Crostini mit schwarzen Oliven garnieren.

Zubereitungszeit: 1 Stunde
Pro Stück 3 g E, 16 g F, 10 g KH = 206 kcal (862 kJ)

Gemüse mit Tomaten-Knoblauch-Dip

Für 8–10 Portionen:
Gemüse
1 kg Gemüse,
z. B. Möhren,
Staudensellerie,
rote und gelbe
Paprikaschoten
Tomaten-Knoblauch-Dip
1 Glas Mayonnaise
(80 %, 250 g)
150 g saure Sahne
3 El Ketchup
1 Knoblauchzehe
(durchgepreßt)
Salz
Pfeffer (a. d. Mühle)
Worcestershiresauce
1 El Weinbrand

1. Das Gemüse waschen, putzen und längs in mundgerechte Stücke schneiden.

2. Mayonnaise mit saurer Sahne, Ketchup und Knoblauch verrühren. Mit Salz, Pfeffer, Worcestershiresauce und Weinbrand würzen.

Zubereitungszeit: 20 Minuten
Pro Portion (bei 10 Portionen)
2 g E, 24 g F, 4 g KH = 243 kcal (1016 kJ)

Soja-Grünkern-Braten mit Senf-Dip

Für 8–10 Portionen:
Braten
2 Pakete Soja-Bratlingsmischung (à 175 g)
1 Paket Getreide-Grünkern-Mischung (à 200 g)
1/2 l Gemüsebrühe
2 Zwiebeln
8 Eier
1–2 El Senf
Salz
Pfeffer (a. d. Mühle)
1 Bund Petersilie
Öl für die Form
Senf-Dip
1 Glas Mayonnaise (80 %, 250 g)
2–3 El mittelscharfer Senf
1–2 Tl Weißweinessig
Salz
Pfeffer (a. d. Mühle)
Zucker

1. Die Soja- und Getreidemischungen mit Gemüsebrühe verrühren. Zwiebeln pellen und fein würfeln. Zwiebeln und Eier zum Getreide geben und unterrühren. Mit Senf, Salz und Pfeffer würzen. Die gehackte Petersilie unter den Teig kneten. Die Masse 20 Minuten quellen lassen.

2. Eine große Kastenform oder zwei kleine Formen mit Öl ausfetten. Die Bratenmasse bis kurz unter den Rand der Form einfüllen und glattstreichen. Im vorgeheizten Backofen bei 160 Grad (Gas 1–2, Umluft 160 Grad) auf der 2. Einschubleiste von unten 40–50 Minuten backen.

3. Für den Dip Mayonnaise mit Senf und Essig verrühren. Mit Salz, Pfeffer und 1 Prise Zucker verrühren.

4. Den Braten aus der Form stürzen, nach Belieben mit Dinkelkörnern bestreuen und in Scheiben schneiden. Warm oder kalt mit dem Senf-Dip servieren.

Zubereitungszeit: 1 1/2 Stunden
Pro Portion (bei 10 Portionen)
22 g E, 35 g F, 19 g KH =
499 kcal (2089 kJ)

Grüner Kartoffelsalat

Für 8–10 Portionen:
2 kg festkochende Kartoffeln
1 große Salatgurke
2 Zwiebeln
1/8 l Öl, 1/8 l Olivenöl
1 Bund Basilikum
3 Knoblauchzehen
Salz, Pfeffer (a. d. Mühle)
5–6 El Weißweinessig
1 Prise Zucker

1. Kartoffeln am Vortag mit der Schale kochen. Am nächsten Tag die Kartoffeln pellen und in Scheiben schneiden.

2. Die Salatgurke waschen und im Abstand von 1 cm schälen, so daß sie gestreift aussieht. Gurke längs vierteln, in dünne Scheiben schneiden. Zwiebeln pellen und fein würfeln, Gurkenscheiben und Zwiebelwürfel zu den Kartoffeln geben.

3. Öl und Olivenöl mit gehacktem Basilikum und durchgepreßtem Knoblauch mit dem Schneidstab kurz pürieren, über die Kartoffeln geben. Den Salat mit Salz, Pfeffer, Essig und Zucker würzen, eine halbe Stunde durchziehen lassen.

Zubereitungszeit: 1 Stunde
(plus Zeit zum Durchziehen)
Pro Portion (bei 10 Portionen)
4 g E, 20 g F, 27 g KH = 310 kcal (1297 kJ)

Feldsalat mit Mango

Für 8–10 Portionen:
200 g Feldsalat
2 Zwiebeln, 1 Bund Petersilie
1 kleine Mango
4 El Balsamessig
Salz, Pfeffer (a. d. Mühle)
6 El Öl

1. Feldsalat waschen, verlesen und gut abtropfen lassen. Die Zwiebeln pellen und fein würfeln. Die Petersilie fein hacken.

2. Die Mango schälen, vom Stein schneiden. Fruchtfleisch in feine Würfel schneiden.

3. Essig mit 4 El Wasser, Salz und Pfeffer verrühren, dann das Öl unterschlagen. Zwiebelwürfel und Petersilie in die Vinaigrette geben. Feldsalat und Mango mischen und mit der Vinaigrette beträufeln.

Zubereitungszeit: 15 Minuten
Pro Portion (bei 10 Portionen)
1 g E, 6 g F, 3 g KH = 74 kcal (310 kJ)

Kartäuser Klöße mit Vanillesauce

Für 8–10 Portionen:
Klöße
8 Brötchen vom Vortag
4 Eier, 4–6 El Zucker
1/2 l Milch
Fett zum Fritieren
Zucker und Zimt
Vanillesauce
3/4 l Milch
1 1/2 Päckchen Vanillesaucenpulver
3 El Zucker

1. Die Brötchen auf der Küchenreibe abreiben und längs halbieren. Eier, Zucker und Milch verquirlen.

2. Halbierte Brötchen darin gut einweichen und zu 16 Klößen formen, vorsichtig ausdrücken. Klöße in den abgeriebenen Bröseln wenden.

3. Das Fett auf 160 Grad erhitzen. Die Klöße darin portionsweise 12–15 Minuten rundherum goldbraun ausbacken. Auf Küchenpapier abtropfen lassen und in Zimt-Zucker wälzen. Heiß oder kalt servieren.

4. Für die Sauce von der Milch 6 El abnehmen. Restliche Milch zum Kochen bringen. Das Vanillesaucenpulver mit Zucker und der Milch verrühren.

5. Angerührtes Saucenpulver in die kochende Milch einrühren, aufkochen und abkühlen lassen. Klöße mit Vanillesauce, Granatapfelkernen und Zitronenmelisse anrichten.

Zubereitungszeit: 1 Stunde, 10 Minuten
Pro Portion (bei 8 Portionen)
13 g E, 22 g F, 42 g KH =
435 kcal (1817 kJ)

ARBEITSPLAN

AM TAG VOR DEM FEST
- *Zwiebelkuchen backen*
- *Tomaten-Knoblauch-Dip zubereiten*
- *Soja-Grünkern-Braten und Senf-Dip zubereiten*
- *Kartoffeln für den Kartoffelsalat kochen*
- *Vanillesauce kochen*

AM TAG DES FESTES

2 Stunden vor der Feier
- *Gemüse für die Crostini zubereiten (nicht salzen!, sondern erst beim Anrichten mit Salz würzen)*
- *Kartäuser Klöße zubereiten*
- *Kartoffelsalat herstellen*

1 Stunde vor dem Fest
- *Gemüse putzen*
- *Feldsalat: Mango würfeln und Vinaigrette zubereiten*

Kurz vor dem Servieren
- *Zwiebelkuchen im Backofen oder in der Mikrowelle erhitzen*
- *Soja-Dinkel-Braten nach Belieben in der Mikrowelle erhitzen, in Scheiben schneiden*
- *Brot für die Crostini aufbacken, mit Gemüse belegen*
- *Feldsalat waschen, putzen und mit Mango und Vinaigrette anrichten*
- *Kartäuser Klöße im Backofen erhitzen*

FEINES BUFFET

Ob Taufe, Geburtstag oder Jubiläum, dieses festliche Buffet ist garantiert der Beginn einer fröhlichen Feier. Denn Möhren-Orangen-Suppe, Tomatenmus, Linsensalat, Pilzragout und Ananas-Trifle harmonieren exzellent miteinander

ANANAS-VANILLE-TRIFLE
GRÜNER SALAT
MIT VINAIGRETTE
PILZRAGOUT MIT REIS
TOMATENMUS
MOZZARELLA-TOMATEN-TARTELETTS

FEINES BUFFET

Möhren-Orangen-Suppe

Für 8–10 Portionen:
2 Bund Bundmöhren
3 Zwiebeln
50 g Butter
1,6 l Gemüsefond (a. d. Glas)
Saft von 2 Orangen
Saft einer halben Zitrone
Salz
Cayennepfeffer
400 ml Schlagsahne
abgeriebene Schale einer unbehandelten Orange
30 g Ingwerwurzel
Kerbel zum Garnieren

1. Möhren waschen, schälen und in dünne Scheiben schneiden. Zwiebeln pellen und fein würfeln. Butter erhitzen. Zwiebeln darin kurz andünsten, Möhren dazugeben und andünsten.

2. Das Gemüse mit Fond ablöschen, Orangen- und Zitronensaft dazugeben. Mit Salz und Cayenne würzen. 30 Minuten kochen lassen.

3. Die Suppe mit dem Schneidstab fein pürieren und mit 200 ml Sahne auffüllen, etwas einkochen lassen. Mit Salz, Cayenne, Orangenschale und evtl. Zitronensaft nachwürzen.

4. Die restliche Sahne steif schlagen. Den Ingwer schälen, in kleine Stücke schneiden und durch die Knoblauchpresse drücken, unter die Sahne rühren und mit 1 Prise Salz würzen.

5. Die Suppe mit einem Klecks Sahne verzieren und mit Kerbelblättchen garnieren.

Zubereitungszeit: 1 Stunde
Pro Portion (bei 10 Portionen)
2 g E, 17 g F, 8 g KH = 201 kcal (840 kJ)

Linsensalat mit Kürbis

Für 8–10 Portionen:
2 große Dosen Linsen (je 530 g Abtropfgewicht)
1 Glas eingelegter Kürbis (400 g Abtropfgewicht)
4 El Weißweinessig
schwarzer Pfeffer (a. d. Mühle)
Salz, Zucker
4 El Öl, 4 El Kürbiskernöl
40 g Kürbiskerne
3 Frühlingszwiebeln (150 g)
150 g rote Zwiebeln
1 Bund glatte Petersilie

1. Linsen in einem Sieb kalt abspülen und abtropfen lassen. Kürbis abtropfen lassen und fein würfeln. Essig, Pfeffer, Salz, 1 Prise Zucker, Öl und Kürbiskernöl verrühren und mit den Linsen und dem Kürbis mischen. 20 Minuten durchziehen lassen.

2. Kürbiskerne in einer Pfanne ohne Fett rösten. Zwei Drittel der Kürbiskerne grob hacken. Beiseite stellen.

3. Frühlingszwiebeln putzen und schräg in dünne Scheiben schneiden. Rote Zwiebeln halbieren und längs in feine Streifen schneiden. Petersilie hacken. Alle Zutaten, außer den ganzen Kürbiskernen, miteinander mischen, mit Pfeffer und Salz würzen und mit den Kürbiskernen bestreuen.

Zubereitungszeit: 50 Minuten
Pro Portion (bei 10 Portionen)
10 g E, 10 g F, 20 g KH = 223 kcal (936 kJ)

Tomatenmus

Für 8–10 Portionen:
500 g Tomatenpüree ohne Stücke (a. d. Packung)
1–2 El Tabasco
Salz
Zucker
1/2 Bund Basilikum
4–5 Blatt Gelatine
250 ml Schlagsahne
Kirschtomaten zum Garnieren

1. Das Tomatenpüree herzhaft mit Tabasco, Salz und 1 Prise Zucker würzen. Basilikum von den Stielen zupfen und fein hacken. Unter das Tomatenpüree rühren.

2. Die Gelatine in kaltem Wasser einweichen, ausdrücken und tropfnaß bei milder Hitze in einem Topf auflösen. Etwas Tomatenpüree mit der Gelatine verrühren. Gelatine dann unter das restliche Püree rühren.

3. Die Sahne steif schlagen und gleichmäßig unter das Tomatenpüree ziehen. Mindestens 2 Stunden kühl stellen. Das Tomatenmus mit Kirschtomaten verzieren. Dazu paßt Weißbrot.

Zubereitungszeit: 15 Minuten
(plus 2 Stunden Kühlzeit)
Pro Portion (bei 10 Portionen)
3 g E, 8 g F, 4 g KH = 102 kcal (426 kJ)

Grüner Salat mit Vinaigrette

Für 8–10 Portionen:
1 kleiner Römersalat
1 kleiner Lollo rosso
1 kleiner Lollo bianco
1 kleiner Eichblattsalat
4 Schalotten
1/4 Bund Petersilie
4–6 El Himbeeressig
Salz
Pfeffer (a. d. Mühle)
1/8 l Öl

1. Die Salate putzen, waschen, trockenschleudern und in mundgerechte Stücke zerzupfen. Salate mischen.

2. Für die Vinaigrette die Schalotten pellen und sehr fein würfeln. Die Petersilie von den Stielen zupfen und hacken.

3. Essig mit Schalottenwürfeln, Petersilie, Salz und Pfeffer verrühren. Das Öl darunterschlagen. Die Vinaigrette über den Salat geben und durchmischen.

Zubereitungszeit: 15 Minuten
Pro Portion (bei 10 Portionen)
0 g E, 10 g F, 1 g KH = 99 kcal (416 kJ)

Mozzarella-Tomaten-Tarteletts

Für 8–10 Stück:
3–4 Mozzarella
(z. B. Büffelmozzarella)
4 El getrocknete Tomaten
(in Öl)
8–10 Tarteletts (salzige Mürbeteigschälchen, gekauft)
4–5 schwarze Oliven
2 Zweige Thymian

1. Den Mozzarella würfeln. Die Tomaten abtropfen lassen und fein würfeln. Mozzarella und Tomaten mischen und in die Tarteletts füllen.

2. Den Grill vorheizen. Die Tarteletts für etwa 30 Sekunden unter den Grill stellen, Käse kurz anschmelzen lassen.

3. Die Oliven vom Stein schneiden. Je eine Olivenhälfte auf ein Tartelett geben und mit etwas abgezupftem Thymian garnieren.

Zubereitungszeit: 15 Minuten
Pro Stück (bei 10 Stücken)
11 g E, 13 g F, 15 g KH = 229 kcal (959 kJ)

Pilzragout mit Reis

Für 8–10 Portionen:
50 g getrocknete Steinpilze
500 g Austernpilze
750 g weiße Champignons
4 Zwiebeln
30 g Butter
4 El Cognac
1/2 l Schlagsahne
Salz
Pfeffer (a. d. Mühle)
2–3 El Zitronensaft
1 Bund Frühlingszwiebeln
4 Möhren
1/2 Bund Petersilie
2 Pakete Wildreismischung
1 El Schnittlauch (in Röllchen)

1. Die Steinpilze mit kaltem Wasser knapp bedeckt 30 Minuten einweichen lassen. Die Austernpilze putzen, große halbieren oder vierteln. Champignons putzen, waschen und vierteln.

2. Die Zwiebeln pellen und fein würfeln. Die Zwiebeln in der heißen Butter andünsten. Mit dem Cognac ablöschen.

3. Die Champignons dazugeben und 1–2 Minuten andünsten. Austernpilze dazugeben und 1–2 Minuten dünsten. Steinpilze abtropfen lassen, die Pilzflüssigkeit dabei auffangen. Steinpilze dazugeben und 1–2 Minuten mitdünsten.

4. Das Einweichwasser der Steinpilze evtl. filtern, zu den Pilzen geben. Die Pilze 10 Minuten bei mittlerer Hitze kochen lassen.

5. Die Pilze auf einem Sieb abtropfen lassen. Den Pilzfond auffangen. Die Sahne mit dem Fond verrühren und bei mittlerer Hitze um die Hälfte cremig einkochen lassen. Mit Salz, Pfeffer und Zitronensaft würzen.

6. Die Frühlingszwiebeln und Möhren waschen und putzen. Beides in schräge Scheiben schneiden. Die Möhren 1 Minute in Salzwasser blanchieren, die Frühlingszwiebeln 30 Sekunden. Die Gemüse auf ein Sieb geben und abtropfen lassen.

7. Die Petersilie hacken. Möhren, Frühlingszwiebeln und Petersilie unter das Pilzragout geben.

8. Inzwischen den Reis nach Packungsanweisung in Salzwasser kochen. Mit Schnittlauch bestreuen.

Zubereitungszeit: 50 Minuten
Pro Portion (bei 10 Portionen)
9 g E, 19 g F, 48 g KH = 422 kcal (1764 kJ)

Ananas-Vanille-Trifle

Für 8–10 Portionen:
2 Pakete Vanillekipferln
(à 125 g)
8–10 El Amaretto
(italienischer Mandellikör)
1 kleine Ananas
8 El Ananaskonfitüre
1 kg Vanillequark
(Fertigprodukt)
250 ml Schlagsahne
Kakaopulver zum Bestreuen

1. Den Boden einer großen Glasschüssel mit der Hälfte der Vanillekipferln auslegen. Die Kipferln mit 4–5 El Amaretto tränken.

2. Die Schale der Ananas abschneiden. Ananas vierteln, den Strunk herausschneiden. Das Fruchtfleisch in kleine Stücke schneiden.

3. Die Hälfte der Ananasstücke auf die Kipferln geben. Die Hälfte der Konfitüre darauf verteilen und mit der Hälfte Vanillequark bedecken.

4. Die restlichen Kipferln, Amaretto, Ananas, Konfitüre und Vanillequark ebenso einschichten, kalt stellen.

5. Die Sahne steif schlagen und auf den Vanillequark streichen. 15 Minuten kalt stellen. Das Ananas-Vanille-Trifle mit Kakaopulver bestreuen.

Zubereitungszeit: 25 Minuten
(plus Kühlzeiten)
Pro Portion (bei 10 Portionen)
16 g E, 16 g F, 42 g KH =
400 kcal (1673 kJ)

ARBEITSPLAN

AM TAG VOR DEM FEST

- *Möhren-Orangen-Suppe zubereiten*
- *Tomatenmus herstellen*

AM TAG DES FESTES

2 Stunden vor der Feier

- *Linsensalat herstellen*
- *Vinaigrette für den grünen Salat anrühren*
- *Füllung für die Tarteletts bereiten*
- *Ananas-Vanille-Trifle einschichten*
- *Pilzragout herstellen*
- *Reis kochen*

Kurz vorm Servieren

- *Orangensuppe erhitzen, Sahne steif schlagen, Ingwer durchpressen*
- *Salate waschen und mit Vinaigrette mischen*
- *Tomatenmus garnieren und Weißbrot aufschneiden*
- *Tarteletts füllen, überbacken und garnieren*
- *Trifle mit Kakao bestäuben*

REGISTER

REZEPTREGISTER

REGISTER

T

U

V

W

Z

SACHREGISTER